舵手证券图书
www.duoshou108.com

知识领航财富人生

舵手汇 www.duoshou108.com

投资交易学习社交平台

逆向思维投资艺术

（全译本）

[美] 汉弗莱·B. 尼尔 著

康民 译

山西出版传媒集团
山西人民出版社

图书在版编目(CIP)数据

逆向思维投资艺术 / (美) 汉弗莱·B.尼尔著;康民译.—太原:山西人民出版社,2018.11
ISBN 978-7-203-10479-7

Ⅰ.①逆… Ⅱ.①汉… ②康… Ⅲ.①股票投资-基本知识 Ⅳ.①F830.91

中国版本图书馆 CIP 数据核字(2018)第 155683 号

逆向思维投资艺术

著　　者:(美)汉弗莱·B.尼尔
译　　者:康　民
责任编辑:魏美荣
复　　审:傅晓红
终　　审:员荣亮

出 版 者:山西出版传媒集团·山西人民出版社
地　　址:太原市建设南路 21 号
邮　　编:030012
发行营销:0351-4922220　4955996　4956039　4922127(传真)
天猫官网:http://sxrmcbs.tmall.com　电话:0351-4922159
E-mail　:sxskcb@163.com　发行部
　　　　　sxskcb@126.com　总编室
网　　址:www.sxskcb.com
经 销 者:山西出版传媒集团·山西人民出版社
承 印 者:三河市京兰印务有限公司
开　　本:710mm×1000mm　1/16
印　　张:13.5
字　　数:175 千字
印　　数:1-5100 册
版　　次:2018 年 11 月　第 1 版
印　　次:2018 年 11 月　第 1 次印刷
书　　号:978-7-203-10479-7
定　　价:48.00 元

如有印装质量问题请与本社联系调换

"舵手证券图书"开篇序

20世纪末，随着中国证券投资市场的兴起，我们怀揣梦想与激情，开创了"舵手证券图书"品牌，为中国投资者分享最有价值的投资思想与技术。

世界经济风云变幻，资本市场牛熊交替，我们始终秉承"一流作者创一流作品"的方针，与约翰威立、培生教育、麦格劳-希尔、哈里曼、哈珀·柯林斯等世界著名出版机构合作，引进了一批畅销全球的金融投资著作，涵盖了股票、期货、外汇、基金等主要投资领域。

时光荏苒，初心不改，我们将一如既往地与您分享专业而丰富的投资类作品。我们以书会友，与天南海北的读者成为朋友，收获了信任、支持。许许多多投资者成为我们的老师、知己，给予我们真诚的赞许、批评、建议。更有一些资深人士由此成为我们的编辑、翻译、评审，这一切我们感念于心。

我们希望与每位投资者走得更近，希望在"知识领航财富人生"理念指引下，打造综合型投资交易学习社交平台——"舵手汇"（www.duoshou108.com），通过即时动态、视频直播、有声读书、电子图书、在线聊天、知识问答、活动报名、读书会、打赏提现等多项功能，服务会员的读书分享、实战交流以及知识变现。"舵手汇"不定期邀请作者、嘉宾与会员对话，为读者答疑解惑，分享最新交易技术与理念。在这里，您可以与华尔街投资大师亲密接触；在这里，您可以与全国最聪明的投资者交流切磋；在这里，您可以体验全球最新最全的投资技术课程。这里，必将因为有您而精彩！

与众不同，必有收获

*To Contrarians and Libertarians everywhere.
May their numbers grow!*

**到处都是逆向思维者和自由意志论者。
愿他们的队伍持续壮大！**

本书原著第一版印于1954年1月

本书原著第二版印于1956年3月

本书原著第三版印于1960年1月

本书原著第四版印于1963年7月

本书原著第五版印于1967年8月

本书原著第六版印于1971年9月

本书原著第七版印于1976年12月

本书原著第八版印于1980年7月

本书原著第九版印于1985年8月

序 言

"当所有人的想法都一致时,很可能每个人都错了。"

汉弗莱·B.尼尔的这句话,向我们揭示了一个深刻的哲理,正是这个原因,推动着经济繁荣和萧条的更替,困扰着人类文明的进程。密西西比的地产泡沫、荷兰的郁金香狂潮、1929年纽约股市的大雪崩,都是灾难性的历史教训,这些灾难都是通过大众心理的作用而发酵,迅速扩散。

也有正好相反的例子,第二次世界大战之后的几年,经济即将衰退的预言大行其道,实际情况却恰恰相反,商业异常繁荣。

如果我们熟知逆向思维的方法,或者说懂得应用尼尔的"逆向思维理论",那么,对于上面这些现象的原委,就不会感到迷茫了。这个理论建立的初衷,是揭开经济趋势的秘密,尼尔曾为此独自一人做了大量的探索。如今,这个理论都已经有了巨大发展,得到广泛的应用,并产生了深远的影响。《汉弗莱·尼尔通讯》(*Humphrey Neill's Letters*)的订阅用户已经看到如何将"逆向思维理论"应用于各个领域。

在《逆向思维投资艺术》这本书中,您会找到某个问题的答案,这个问题是那些商界人士、投资界人士经常提到的:

"逆向思维理论"的含义是什么?对我有什么用处?

汉弗莱·尼尔的其他作品

《尼尔大师盘口技术精讲：股票交易成功的三个步骤》（*Tape Reading and Market Tactics: The Three Steps to Successful Stock Trading*）

《证券交易所的内幕故事：世界上最伟大的货币市场的传奇故事》（*The inside story of the Stock Exchange: A fascinating saga of the world's greatest money market place*）

《逆向思维投资艺术》（*The Art of Contrary Thinking: It Pays to Be Contrary*）

前　言

逆向思维方法，简单来说，就是不盲从他人，独立思考判断。简而言之，思考问题时要做一个特立独行的人。

从众心理是人类的天性。因此，为了形成独立思考的良好习惯，您必须经过一段痛苦的过程。

直接短浅的思考方式，或者说采取和其他人想法一致的思考方式，通常会得出错误的判断和错误的结论。

让我给你一个简单易记的警句来总结这个想法：

当所有人的想法都一致时，很可能每个人都错了。

为了能激起您对这本书的主题——逆向思维的艺术——的兴趣，我再提出第二个观点：

如果您希望摆脱错误的思维方式，就试试逆向思维吧。

本书第一篇，"逆向思维是有利可图的"，介绍"逆向思维理论"的研究。第二篇是一系列关于逆向思维方法的简短随笔。

这样编排，可以使条理更清晰，帮助您轻松地学习，也能使您的阅读更具有趣味性。希望我的苦心没有白费。

我研究了很长时间的群体活动和大众心理学，毫不怀疑地认为，如果您训练自己的头脑，选择与大众相反的思路，您的想法将对多错少。在绝大多数问题上，我们可以有把握地说，"大多数人总是错的"，尤其在判断事件发生的时机上。

请不要误解"大多数人总是错的"这句话，我并不是说人们在日常生活中的想法是错误的。我指的是：当一大群人抱有（主动或被动）同一种观念时，他们都是几乎不思考的。如果人们能够停下来先把事情想清楚，他们的决定往往是明智的。我相信，您已经看出了区别。一种情况下，是"群体"的行动，另一种情况下，是个体的行动。

虽然本书的绝大部分引证和讨论都是经济或金融方面的，但是，逆向思维可以应用于任何方面。它可以应用于哲学讨论，也可以应用于政治。政治上，那些候选人需要追求大众的选票。如果竞选人精通大众心理学，那他就能轻易煽起大众的情绪和欲望。

归根结底，我们的结论是，"众人"用心来思考，受情绪的支配，而个人则用大脑来思考。这并不是针对某个具体的人，我们中任何一个人，在汇入人群后，都可能丧失独立思考能力，这时，我们就成了群体的一分子，而不再是原来的个人了。

我认为，目前对经济和政治的研究，之所以存在重大缺憾，就是因为没有考虑人的本性。当我们力图描画未来的图景时，到底人们是如何想的、如何做的，这些问题根本就没有引起我们的重视。鲜活的人类行为，可以说，比人类行为的统计学数据更重要。当我们思考经济和政治趋势时，我认为人的天性应当像统计学数据那样被重视。

在过去30多年里（译者注：本书原著第一次出版时间为1954年1月），我们几乎经历了一场完全的社会革命[1]。现在人们的想法和以前大不相同。只要您思索一下，千百万年轻人的判断力和世界观是在罗斯福新政后成形的，您立刻就会明白，同从前相比，今天我们不得不换

---

[1] 参见加雷特·加勒特的《大众的红豆汤》(*The People's Pottage*)，以及其他自由主义者的著作，卡克斯顿出版公司。

前　言

一种多么不同的眼光来看问题。

我非常享受饱读诗书、研究历史的日子，但是当我们阅读历史的时候，却不得不使自己的思路适应现代的解读。人们常说"历史重演"，这句话很精辟，不过，尽管历史的确经常重演，但是历史从来不是完全按照过去的风格、过去的式样重演。

研究过去的投机狂潮，我们获得大量大众心理学的知识，不过具体到每个事例上，我们还是应该分析导致当时大众狂热的具体刺激。比如说，我们肯定不会预测佛罗里达州再度发生与20世纪20年代中期的特点一模一样的地产狂潮。

下面是一个更加鲜活的例子。

前总统哈里·杜鲁门（Harry Truman）在1948年秋季成功导演了一出政治竞选活动。在当时的历史条件下，他的战术和战略完全符合大众心理学原则，所以取得了成功。但是同样的策略，如果下一次还是一成不变地开展，则很可能不再奏效。果然，1952年，杜鲁门先生再度出山，为民主党候选人站台时，他采用了类似的策略，却没有取得成功。很多观察家发表观点，如果杜鲁门不使用他1948年的旧策略的话，也许斯蒂文森（Stevenson）更有机会赢得1952年的大选。我想用这个例子说明，成功的因素，也不是百试百灵的。

在这篇引言的结尾，我想再次重申：

> 所谓逆向思维的技艺，一方面是训练您的头脑偏好深思熟虑，选择与普罗大众相反的意见；另一方面，您还需要根据具体情况，以及特定条件下的人类行为模式，推敲自己的结论。

也许在某些读者眼中，"逆向思维理论"或逆向思维的技艺，是一种玩世不恭的理论。我不这么看，我认为它是一件训练思维方式的工具，它培养我们对所有问题都辩证地看待，要求我们通过自己的思考得出结论，辩证独立的思考更有可能得出正确的印象，而正确的印象把我们引向正确的结论。

最后，要强调如何对待宣传。我们已经被各种形式的宣传所淹没，显而易见，宣传的目的就是要影响人们的头脑。因此，在政治和经济上，看到事物的利弊是绝对有必要的，只有这样，才能避免陷入鼓动家的陷阱。

汉弗莱·B. 尼尔
于佛蒙特州撒克斯顿河

写在前面的话

这里先简要地介绍一下"逆向思维理论",本书就是从这个理论发展而来的。

为了便于您快速浏览,也为了熟悉与逆向思维方法,在进入本书正题以前,这里给出一个概要。它用尽可能少的词句回答了下面这个问题:"什么是逆向思维理论?"

1. 简单而言,它是一种深刻的反思方法,应用范围广泛,包括政治、经济和社会各方面。逆向思维的目的,就是挑战当前政治、社会、经济趋势中,为人普遍接受的观念。总之,目的就是和大众观念分庭抗礼,因为我们发现,流行的观念往往是错误的,这基本上是宣传的效果,这类情形太多了。

◇ 逆向思维的经验告诉我们,下面这些耳熟能详,朗朗上口的话的确有它的道理:

☆ 即使所有人的想法都一样,也可能是每个人都错了。

☆ 作者们笔下所写大同小异,读者们脑子里也没多大差别。

☆ 太多的人发出同样的预言,预言就无法实现了。

☆ 越多人相信同一种预言,预言就不攻自破。(因为太多的人预料同样的事,必定导致相应的预防措施)

◇ "逆向思维理论"只是一种思维方法,我们不应过度地解读它。它更主要的是对普遍预期的矫正,而不是预测系统。

它是思考的工具，而不是水晶球。它使我们全面彻底地考虑问题，正如人们所说：如果不把事情想透彻，那就理解不了事情的本质。

2. 人的天性决定了"逆向思维理论"是成立的，这些天性包括：

◇ 情绪化
◇ 刚愎自用
◇ 跟风盲从
◇ 急躁
◇ 贪婪
◇ 一厢情愿
◇ 相互感染
◇ 轻信冲动
◇ 恐惧
◇ 造作

3. 该理论建立在社会学和心理学"法则"之上，这些法则之间存在着下列逻辑关系：

◇ "众人"行为更多受制于人类天性，但是人们单独行动时，往往抑制了这些天性。
◇ 人是群体生物，所以本能地随大流。
◇ 被某些出挑的成员感染、仿效他们的言行举止、盲从领头者的习性，使得人们容易受到各种暗示、命令、习俗、煽情、鼓动的影响。
◇ "众人"不用理智思考，听任情绪摆布，轻而易举地就会接受各种"据说"或者"别人给出判断的"说法。

现在我们对逆向思维方法的用途和实例，作一份同样简短的综述。

1. 我们先从某种社会或政治思潮开始，因为这样的问题更深刻，也有更广泛的应用。相对来说，其他方面，比如说股票市场的大恐慌，就更狭隘。

2. 当今，各种宣传攻势铺天盖地，我们不妨在宣传上试试逆向思维方法。

面对各种讲话、声明、文章，字句本身并不重要，或者并不真的重要，我们必须不遗余力地追究的是背后的真正动机。我们应当问为什么这则消息会流传，而不是简单地知道这个消息是什么就完了。坦白地说，在分析宣传攻势时，逆向思维者的确需要几分讽刺精神。只要"舆论制造者"不放弃舆论导向和操纵大众观念的企图，那我们就应该"相信任何事之前首先怀疑一切"，仔细斟酌字里行间的真义。

3. 在人们最不留神时，社会狂潮和大众狂热就会横扫整个国度。这样的风潮往往来得快，去得也快。历史上这样的故事不胜枚举：郁金香狂潮、南海泡沫、佛罗里达州地产狂飙。如果还要说得更具体些，那么不妨看下面这些例子：

◇ 在1929年，流行的观点是：我们到达了崭新的时代，我们已经登上了通向无尽繁荣的新平台。

◇ 20世纪60年代：我们的经济已经步入成熟期。

◇ 20世纪20年代：收音机会将唱片机和唱片永久地赶出市场。现在也有类似的说法，电视将令电影绝迹。（在本例中，相反的观点是，人类是群体生物，人们喜欢走出家门同众人挤在一起。大众娱乐业和人类的历史一样古老，如果我们认为人类的天性并未改变，那么这么推断就还算得上中肯。离群

索居、自我娱乐，不可能满足众人的心理。从长远的眼光来看，电视将扩大受众的数量，带来更多的娱乐需求）

◇ 也许，我们还可以再添一个例子：1945年，当时流行的预测是，战后经济将步入衰退，800万人将失业。

　　如果您继续探索这个课题，就会体会到，学习逆向思维方法的过程是一段有趣的经历。本书接下来的内容为您留下了广阔空间，您大可以对书中各个事例的想法添上自己的思考。

目 录

第一篇　逆向思维是有利可图的
SECTION I IT PAYS TO BE CONTRARY

1　"战胜股市"的探索之旅 / 3
2　逆向思维摆脱人性弱点 / 7
3　逆向思维研判经济趋势 / 11
4　股票市场的前瞻能力 / 14
5　社会狂热中的自我迷失 / 18
6　通货膨胀下的经济幻觉 / 23
7　独立思考货币方面的问题 / 26
8　逆向思维的弱点 / 28
9　如何应用"逆向思维理论" / 30

第二篇　关于逆向思维理论和逆向思维方法的随笔
SECTION II ESSAYS PERTAINING TO THE THEORY OF CONTRARY OPINION AND THE ART OF CONTRARY THINKING

10　潮起潮落的大众激情 / 35

11　投资者的困境 / 38

12　习惯 / 41

13　大众对通货膨胀的心理 / 44

14　看不出大众意见的时候 / 46

15　对少数派的仿效 / 49

16　请记下你的笔记 / 52

17　持有与群体相反的意见 / 55

18　"逆向思维理论"是一种"思维方式"但请不要滥用它！/ 57

19　短视的思考方式 / 60

20　把马车厢驾在马前头 / 62

21　普遍不平等法则 / 64

22　宣传 / 66

23　"逆向思维理论"的再思考 / 68

24　为什么经济学家的预测经常错误 / 70

25　"什么地方是对的"比"什么地方错了"更重要 / 72

26　大众心理学和总统竞选 / 74

27　经济心理学 / 76

28　大选回顾 / 78

29　回归金本位 / 80

30　历史上的反转事件 / 83

31　潮起潮落 / 85

32　学无止境 / 87

33　对变幻不定之事进行预测 / 90

34　"大众烦恼症"帮了艾森豪威尔 / 92

35　赚钱的智慧 / 95

36　为何预测越来越不靠谱 / 98

37　革命需要长远目光 / 100

目 录

38 "逆向思维理论"源自对仿效和感染的思考 / 102

39 大众意见把我们引向何方 / 104

40 "逆向思维理论"应对大众幻觉 / 106

41 先人一步 / 108

42 预测可不容易 / 110

43 "逆向思维理论"用途在哪？/ 112

44 有些古老的理论依然有效 / 114

45 经济评论中的"中立主义" / 116

46 学会独立思考 / 119

47 社会政治演化的推力 / 121

48 永远不要忽略人性 / 124

49 兜圈子式的思维 / 126

50 如何准确把握相反的意见 / 128

51 三种类型的"意见"：深思熟虑型、轻率型、情绪化型 / 130

52 如何塑造大众意见 / 131

53 边读边想就是逆向思维方式 / 134

54 "逆向思维理论"和三段论法则 / 136

55 社会压力常常滋生从众 / 138

56 动量 / 140

57 关于创造性思维的反思方法 / 142

58 动机和潮流 / 144

59 抵御"深度操纵者" / 146

60 大众催眠术 / 148

61 "股市里，大众总是错的吗？" / 150

62 了解与度量大众意见很有难度 / 152

63 群体精神统一性定律 / 154

64 "逆向思维理论"不是预测体系，而是寻求成熟结论的思考方法 / 156

65 "为什么您认为您会思考？" / 158

66 逆反者：不要接受命运的摆布 / 160

67 资本主义的本质：追逐利润 / 162

68 逆向思维者才有自由意志 / 164

69 经济学外推法中的谬误 / 166

70 怎样利用预测获利 / 168

71 逆向思维的真实意图 / 170

72 使您的头脑灵活起来 / 172

73 用"金钱智慧"从容获利 / 173

74 一言胜千图 / 175

75 独立深思的工具箱 / 177

76 言辞与事实 / 179

77 打预测者的脸 / 181

78 随大流容易特立独行难 / 183

79 41年里的突发事件 / 185

结束语："他们"的奴隶 / 188

第一篇　逆向思维是有利可图的

SECTION I　IT PAYS TO BE CONTRARY

　　一般说来，亦步亦趋是愚蠢的，因为几乎可以肯定，有太多的人在做同样的事情。

　　　　——威廉·斯坦利·杰文斯（WILLAM STANLEY JEVONS）
　　　　　　　　　　　　　　　　　　（1835—1882）

《生活》杂志（Life）提出"逆向思维理论"的概念[1]，激起了人们对这一理论的极大关注。人们对如何在经济和政治问题上应用逆向思维方法及其适用性，有相当浓厚的兴趣。

因此，本部分的目的是以下两个：

◇ 我们要回答一个人们提出了无数次的问题：什么是"逆向思维理论"？
◇ 解释逆向思维方法的作用，并证明"逆向思维是有益的"。

"逆向思维理论"不是您在书上或历史故事里能读到的东西，这一领域尚无任何文献。据我所知，没有什么书籍直接谈到逆向思维的应用，除了一本关于股市交易方法的书中"相反的市场观点（contrary market opinions）"一章中稍微沾了点边。[2] 在该书中，作者厚道地提到我的著述，并把它作为他书中这方面讨论的论据。

本文将要介绍分析经济趋势的一门"逆向的"方法。在我过去的报纸专栏中（"深思者"专栏），以及在我的早期著作《尼尔逆向思维通讯》（Neill Letters of Contrary Opinion）中，我已经就"逆向思维理论"写下了数以万计的文字。这里我把自己的思想和文字编纂成册。

写完了上述开场白，让我们进入正题吧。

---

[1]《生活》杂志1949年3月21日，其中评论本书作者"系统地说明了逆向思维理论"。随后还引用了我于1947年发表过的《逆向思维》。参见《市场的奇怪状态》（The Strange State of the Market），作者威廉姆·米勒（William Miller）。

[2]《股市获利新方法》（New Method for Profit in the Stock Market），作者菲尔德·A.德鲁（Garfield A. Drew），（波士顿：梅特卡夫出版公司，1951年，及后续版本）。该书是对技术分析方法的精彩论述。

1 "战胜股市"的探索之旅

> 我越来越多地体会到,少数派常常是正确的,因为他们更明智些。
>
> ——歌德(Goethe),伟大的诗人、哲学家

完全坦白地说,驱使我走上探索之路,并最终形成"逆向思维理论",最开始的原因乃是追求"战胜股票市场"的过程中遭遇到的无数失望和幻灭。

我与华尔街打交道的历史可以追溯到多灾多难的20世纪20年代。我很早就听说市场上流行101种预测股票价格波动的技术系统。很快也总结出,亏损并不是系统造成的,而是交易者本人造成的。

就以解读行情图的人为例,他几乎可以完全按照自己的意愿来解读行情图。他能把行情图中的"形态"解释为他希望的任何结果。如果某人内心是看多的,那么他在解读行情图时也是乐观的;如果他本身看空,行情图也将附和他的意思,"说"市场将下跌。当市场处在上涨或下降趋势时,其实行情图已经显示得非常明白。而当市场陷入僵局,每个人都对走向感到困惑时,行情图通常也是"沉默"的。

我回想起在很多场合中,学习技术分析的人讨论趋势时,毫无例外,每个人都会根据自己内心的意愿解读市场。换句话说,阻碍交易成功的拦路虎,就是刚愎自用的投资者自己。

我对推广技术分析方法的人士并无任何不敬，但是我不认为"技术方法"能帮助人们克服他们的天性，如一厢情愿、贪婪、自大，正是人性，使投机成为一门最难以掌握的技艺。

我很快就明白，不仅他人对市场的看法常常是错误的，我自己的判断也经常害得我要用真金白银来买单。

由此我转而研究大众心理学，希望从中找到"为什么大众如此经常地犯错误"的原因，当然，也是我经常犯错的原因。我一头扎进讲述投机狂潮的旧书堆里，凡是能弄到手的，与群体行为有关的资料都不放过。

此外，我的工作为我提供了撰写"金融领域的人类天性"的文章的机会，当然其中绝大部分都是科研性的。如果您打算学习一门学科，最好的办法就是一边学习它，一边把你所思所想写下来。有两三年光景，我编写了一本小小的企业内部月刊——《如果、由于及何时》(*If, As and When*)，[1] 其中包含一些讨论金融市场上出现的种种人性弱点的短文。"市场哲学家"和"市场讽刺家"是这本小杂志中讨论市场和经济问题的两位虚拟人物。我扮演的角色是市场讽刺家，其中写到在20世纪30年代后期事事不如意的某些篇幅，也许能博您一笑。

十种在华尔街赔钱的办法

市场讽刺家

经过长时间的艰苦工作和深思，我终于为股票投资编写了一本可靠的手册。我不打算解释或澄清这些概念，因为我明白我的读者一定会贯彻执行。

---

[1] 这份杂志引出了本书作者在1931年撰写的《尼尔大师盘口技术精讲》(*Tape Reading and Market Tactics: The Three Steps to Successful Stock Trading*)，其中对人类行为的讨论和对市场行为的讨论分量相当。

1. 对交易大厅里的流言蜚语深信不疑。
2. 相信自己听到的一切，特别是内幕消息。
3. 如果不知道，那就猜测。
4. 随大流。
5. 不能保持耐心。
6. 贪婪地等待顶部最后那1/8美元。
7. 以小博大。
8. 永远固执己见。
9. 永远不离场静观。
10. 拿回小额利润，忍受大额亏损。

作为对鲁莽交易或投资习惯的防范措施，这里也许应当插入罗素·塞奇（Russell Sage）的告诫，当人们问起他怎样获得投资的收益时，他说："办法就是在1月份就买好草帽。"

随着我对投机活动中人性这方面兴趣的增长，我发现，对群体行为的研究，对解释更广泛意义上的经济现象更有帮助，不仅仅局限于股票价格的波动。我不想用个人回忆惹您厌烦，但请允许我总结一下自己的经验。

首先，如前面所说，我了解到个人意见（包括我自己的以及其他人的）并无太大价值，因为它们经常是错误的。

其次，人类的天性（恐惧、一厢情愿、贪婪、刚愎自用、如意算盘）如此顽固，总是影响他们的判断。我相信，对经济趋势的客观分析是绝对必要的，因为主观导致武断且毫无逻辑的结论。

第三，如果某人顽固地死守自己的观点，就可能"不见黄河不死心"，不论正确还是错误。也许，没有哪一种天性，比捍卫自己的观点、拒不认错更顽固了。

既然已经了解上述基本的人性特征，下一个问题就是为其寻找解答了。

在我的研究和写作活动之初，我就发现了那句古老的真理，正如前面所说，"大多数人，总是错误的"。历史上充斥着这样的例子，我们将很快看到其中一些。

因此，经过一系列的思考之后，我终于发现了一种我认为有用且合乎逻辑的解答。

如果个人意见是不可靠的，那么为什么不采取与群体意见相反的意见呢？——也就是，如果群体观点总是错误的，那它们的反面，不就是正确的吗？

就这样，"逆向思维理论"成为我最爱的话题，我在这上面倾注了无数的心血，写出了不计其数的文字！这就是我敢斗胆拿出这本《逆向思维投资艺术》的理由。

我想再次强调，"逆向思维"对于分析经济和政治趋势更有价值，而不仅仅用来捕捉股票市场上的价格波动。

市场趋势是世界经济发生基本性转变的特征，从这种意义上说，它们是重要的；较小规模的股市价格涨跌，其价值就没有那么重要，而且，股票价格也不是那么容易预测的。

2　逆向思维摆脱人性弱点

毋庸置疑，即使你使用"逆向思维理论"，也经常会出错。事实上，我自己的情况是，几乎花费了数年，我才能足够准确地评估"大众意见"，从而做出相反结论，并感觉有一定的把握。所以，养成逆向思维的习惯是需要时间的。

再一个，即使以逆向思维作为我们的指引，我们还是得与个人意见（你自己脑海里已有的观点）作斗争。举例来说，如果您对经济形势具有强烈的感官体验，那么抑制自己的感觉，冷静评估大众意见就非常困难了。因此，如果您已经预先形成了自己的观点，这个时候即使在误判大众意见时，也可能轻率地得出结论，把大众意见理解成您心里所情愿的样子，于是不经意间，您也成了"大众"中的一员，最后的结果是，您的想法同大众一样。

好消息是，"逆向思维"的习惯一旦养成，您就会越来越摆脱人性的弱点。最终，您会变得完全客观，成为那些人类天性缺陷的主人。如果这一天真的到达，您会惊奇地发现，当其他人错误时，也正因为其他人错误而您正确，这种情况是多么频繁！一项有些奇怪的努力，但是从长期来看，这很值得。

在这20年中，我殚精竭虑，千辛万苦地探索摒弃人类天性的思考方法，因为人类天性是清晰思路的大敌。最终，我发现的唯一方法就是逆向思维。如果您采取与一般观点（必须承认，一般观点看起来更符合逻辑）"相反"的观点，那么就要抵制那些"一厢情愿"、"刚愎自用"的误导声音！

也许您现在会问，"那么我该怎样搞清楚大众观点是什么呢？"

我得向您坦白，很辛苦，您不得不仔细考察一大堆新闻和评论。幸运的是，现在每天广播、报纸和杂志倾倒出海量且庞杂的经济新闻，我们应该不难从中准确地看出：人们正在想什么，从而得出人们的综合意见。另外相当重要的一点是，了解某些利益集团想要我们接收和相信什么。

美国国会1946年通过的法案，成立了总统经济顾问委员会（CEA）。从那时起，媒体报道的经济新闻和评论专栏，比以前多得多。因为总统经济顾问委员会的观点是官方的，所以它们对大众意见有无与伦比的影响力。[1]

官方的"例行经济信息"应该仔细研读，因为它对公众的影响特别重要。顺便提一下，我们说的"公众"，不是指大街上四处游荡的闲人，也包含商界人士，甚至名流。"公众"指每一个人，包括你和我。商界人士，或者经纪人，或任何群体的整体意见，在分析群体观点时都有价值，因为他们对一般观点很有影响力。

提到总统经济顾问委员会，我想起了1950年1月埃德温·诺斯博士（Dr. Edwin G. Nourse）的一次发言，他是时任经济顾问委员会的主席。我对他的评论总是非常有兴趣。因为人们看到自己得意的理论，在有名望的发言者口中得以验证，总会得到极大的自豪感。诺斯博士当时在向商界人士发表他对1950年前景的看法，他表示预测者们以"令人惊讶的一致"持有相同的意见。然后，他说道："当所有的预测都一致时，正是我们要当心的时刻。"

---

[1] 在艾森豪威尔总统（Eisenhower）的领导之下，CEA公开发布的观点或许不如在杜鲁门总统时期频繁，但仍然对人们的看法具有影响力（特别是商业上的看法）。其他各个显要的商业组织也同样有影响，比如经济发展委员会（CED）、全国制造商协会（NAM）、美国银行协会（ABA）、美国商务部（USCC），等等。此外，庞大的劳工联合会也具有强大的影响力，在经济教育和宣传中越来越有势力。

2 逆向思维摆脱人性弱点

为了说明诺斯博士的这个观点,我给您找出1946年9月市场崩溃后证券交易委员会的调查结果。证券交易委员会调查了130家经纪公司和36家投资顾问公司,从8月26日到9月3日的一周内发给客户的书面材料。这一周是道琼斯工业指数直线下跌的前一周。

对市场长期前景的态度
(通信和电报的数目)

无条件看多	260
看多,但对短期行情不确定	97
持谨慎态度	74
明确看空,并建议至少卖出部分持股	20
不确定	38
合计	489

由此看来,在这个重大的市场转折时刻,业内评论和建议中仅有4.1%是正确的(看空),本来在当时,看空也许应是一种常规的看法,而不是相反[1]。群体观点自然会受到更广泛或更普遍观点的影响。于是我们不得不从各种出版物,包含大幅商业新闻专栏的报纸上,搜集群体的意见。其他许多出版物也为了解大众意见,或正在形成的大众意见提供间接线索。

从数量庞大、种类繁多的出版物中,您可以总结出当前商业和经济状况的主流想法,它们常常揭示了大众意见的未来动向是什么样。因为大众总是"跟随领头者",所以阅读当前的新闻和商业刊物,就能得到大众思想和情绪的线索。

另一方面,如果我们与很多人交谈,也能得到公众想法的线索。您大概已经想到一个例子,第二次世界大战之后的几年里,我们频繁地听到的一个老调子:商业前景肯定会很萧条。然而,每一年这种"前景"都没出现,得"推迟"到下一年再看。当然,经济萧条迟早有

---

[1] 上述统计数字和评论引自德鲁著作《股市获利新方法》中的"逆向思维理论"一章。

一天会出现,问题是它很可能不会在人们普遍预期的时候出现。

到 1955 年年中,"萧条马上到来"的流行观念竟然来了一个 180 度的大转弯,变成"再也不会出现严重的经济萧条了"。对于这种"新"时代已到来的观念,作为逆向思维者,绝对应该持有怀疑态度。

逆向思维可能是先见之明,也可能是事后诸葛,因为大众观念的形成有时是滞后的,有时又是超前的。

3 逆向思维研判经济趋势

现在我们来回顾一下近期历史上的几个例子,看看当时的预言(大众意见)后来如何被证明是错误的。

第二次世界大战结束前夕,政府雇佣的经济学家预言,战后将会发生严重的萧条,其程度将达到1921年的情形。他们预计失业总人数将达到800万。这种想法也完全占据了公众的头脑。"每个人"都记得,或者读到过发生在第一次世界大战后,1920至1921年间的经济崩溃。于是人们草率地得出结论:"这一回也将发生同样的情况。"后来的结果我们已知,根本不是那样,非但没有发生经济萧条,反而出现了无比繁荣的经济增长。

战后萧条的观点根深蒂固。在战后数年中,"萧条"可能会降临的阴云笼罩在人们心头。结果,商界满怀恐惧,担心突然暴发萧条,采取了如履薄冰的保守运行方式。与此同时,稀少的货物供应,让大众对全部种类的物品都趋之若鹜,居然引发了通货膨胀。人们大肆花钱,采购一空,结果,商城、杂货店到处人声鼎沸。所以,经济一片繁荣,根本不是人人挂在嘴边的萧条。

1950年,朝鲜战争爆发,经济衰退的预期被完全打破。战争情绪使人们抢购一切种类的物品,因为他们担心发生"物资短缺"。到1951年初,投机活动大行其道,鲁莽的预言充斥街谈巷议。其中最"错误"的大众观点是,通货膨胀将日益加剧,而且永远持续下去。此时,如果我们采取逆向思维，则会考虑到紧缩的可能性，而结果证明，这种逆向观点才是正确的。

如果我们当初采纳逆向思维，就能精确地判断政府债券价格在1951年2月间的转折点，就在此时，美国财政部与美联储达成了著名的"一致意见"。

当人们处在经济周期的连续演变中时，总会忍不住发问"这一回，逆向思维理论还管用吗？"而对这个理论的怀疑正间接地说明了该理论的特性。回顾历史可以让我们对该理论有信心，至于未来，则必须逐月地随着形势变化不断推敲我们的分析。

让我们的思绪回到第一次世界大战的年代去吧，读一读著名金融编辑亚历山大·达纳·诺伊斯（Alexander Dana Noyes）在他的回忆录中的记述。他对1918年底的战后恐慌是这样描述的：

> 一想到战后金融和工商业的走向，美国所有人都会有一种无力感。在战争期间，金融市场希望重返和平，还是害怕和平来临，就已经是一道难题。很多有经验的人士在私下谈话中，都表现出强烈的不安，担心一旦战争结束，则欧洲的战争订单将在一夜之间消失，而美国生产能力强大的工业已经习惯于开足马力以满足战时需求。产生的商品价格偏高、劳动力成本居高不下、企业盲目扩张都会引起恶果，就业人数也会达到巅峰然后下落。
>
> 后来的实际情况是，最初果然应验了人们的担心，物价急转直下，两三个月内，制造商就减产了40%到50%。到处是悲观的言论，比如商业很快进入艰难时期，工厂将要解雇工人，成千上万在1917年到1921年之间入伍参战的劳动力将从欧洲返回，与他们抢饭碗。
>
> 但是就在整个社会都为注定到来的灾难做好思想准备时，

经济格局却突然地发生了变化，甚至在我们察觉到之前，全美就已经一头扎进了工业投机的狂欢之中，价格上涨，"劳工短缺"，甚至还形成了有史以来最高的工资水平。

如此疯狂的投机的到来，标志着一系列状况的展开，其中包括未曾料到的转折，未能兑现的预言，以及完全相反的消费者信心的预期。这一连串的事件组成了后面10年的金融和工商业历史。[1]

由此我们可以看出，两个战后时期的确在很多方面有着相似之处。发生在35年前的这场全然出乎意料的繁荣和通货膨胀，虽然仅仅持续到1920年5月，但是它的发生仍然足以给那些预言家们响亮的几耳光了。毫不令人意外的，随后在1921年，突如其来，如闪电般爆发的经济萧条也令工商界和公众毫无防备，无数工商业者损失惨重，不啻一场灾难。不过，这场灾难也为接下来的为期7年的大繁荣铺平了道路。

通过以上资料可以看出，"逆向思维理论"的确可以成为研判经济趋势的最有价值的指导。

---

[1]《市场：一位金融编辑的回忆录》(*The Market Place–Reminiscences of a Financial Editor*)。

4 股票市场的前瞻能力

既然股票或者投机市场是大家的兴趣所在，那么将大众的想法与股票市场中长期趋势进行对比，尤其是战争期间股票价格的变动，应该是有的放矢的。我们既考虑美国市场，也考虑英国股票市场。其中有几个十分有趣的例子，表明股票价格完全领先于众人"符合逻辑"的预期。

为了考察美、英两国的价格趋势，需要确定研究的起点，我们不妨将起点设为1937年。1937年初，英国工业股票指数爬到了顶点，这场牛市行情是从1932年国际大萧条时期的市场底部开始的。与此同时，美国股价在1937年也接近其顶部。因此，两国的股市趋势在上述期间是相似的。

1937年，美国和英国的股市都开始下挫。美国股价暴跌，情况更为严重。到1938年3、4月间，美国市场形成"底部"，英国的指数持续下滑，直至1940年中期。1939年9月1日，希特勒发动闪电战，侵占波兰，但是，出乎"每个人"的意料，纽约股票市场在经过短暂的一小时抛售之后，居然反转暴涨，此后几天内，道琼斯工业指数上涨的幅度超过25点。华尔街和大众都对此"吃惊"不小，因为普遍的看法是股价先崩溃，然后才上冲，就像1914年的表现一样。1914年，为了防止出现大恐慌，股票市场曾一度关闭。数月之后，当市场再度开张时，大规模的战争行情开始了。

1939年，战争打响后，英国的股价也开始上涨，虽然不如纽约股市那样兴奋。

经历最初的"战争上涨"行情后，第一次冷战在欧洲拉开序幕，两国股市均进入牛皮盘整状态，人称"高位平台"。希特勒在冬季按兵不动，直到1940年5月10日，才在全欧发动了他的"闪电战"。在他按兵不动的几个月里，股票市场同样无所作为。

我特别清楚地记得那个早晨，收音机里令人惊恐地宣布，纳粹已经入侵荷兰和比利时。在当天早晨开往纽约的通勤列车上，大家的话题全都围绕股市行情。大家一致认为市场将再度上冲，就像前一年9月份的情况一样。因为冷战已结束，热战打响了。

还记得我当时因为"逆向思维理论"被人大加挖苦。因为当我与人谈论经济或股票市场时，我总爱把这个理论带来。然而，我的旅伴们正幻想着即将到手的"战争市场利润"，对"相反"的点子嗤之以鼻，甚至厌恶。

市场施展了它一贯的手段，愚弄了每一个人，哪里有什么上涨行情，什么动静也没有。市场非常平静可不是什么好兆头，如果价格没有如人们所预期的上冲，结果会怎样呢？

答案很明显，我们也无须等得太久就可以看到后来的结局。5月14日，德军入侵法国，泄洪的大闸打开了，市场不仅没有重新恢复牛市行情，反而直线坠落。数日之间，道琼斯工业指数跌去45点。

这是一个典型的例子，相反的结局振聋发聩！

预先形成的观点被事实无情地鞭挞。法国著名的马其诺防线比一根草绳强不了多少；荷兰大坝可以放水淹没任何入侵者也根本是无稽之谈。

西方世界如梦初醒，终于认识到对希特勒和纳粹的"一致看法"无比错误，以致引起了如此深重的灾难。

在本例中，某一事件的逆向思维也具有深远的意义，可以与整场战争的意义相提并论。

1940年6月，英、美股市均以急速下跌的方式到达底部从事后看，这是一个具有重要意义的关键时刻。

英国当然已经被卷入战争，美国则没有。当时一切看上去都是毫无希望的，实际上，人们对英国已经绝望了，因为从那时起，英国已经孤立无援，不得不独自抗击希特勒。就在这种情况下，英国的股价开始慢慢攀升，而且一直持续到1941年1月，艰难而顽强。

面对法国沦陷、悲惨的敦刻尔克、英国空战，英国股票市场如同惊弓之鸟，向全世界宣布，英格兰绝不会倒下。股票价格呼应着温斯顿·丘吉尔（Winston Churchill）的伟大信念，希特勒永远不能征服大不列颠。

我个人认为，以上战争历史的记述具有重要的价值，所以不惜笔墨地摘要出来。

与此同时，华尔街的情况如何呢？

美国股市在1940年的崩盘之后复苏过来，但是在1941年再度开始下挫，这似乎成为美国要参战的预兆。珍珠港事件爆发，出现了一小段小规模的上涨行情，但市场持续下滑到1942年4月。[1]

后来，新加坡被日军侵占，巴丹半岛（Bataan）失守，科雷吉多尔岛（Corregidor）被弃守，看上去美国的前途一片灰暗。这时，股票

---

[1] 本书作者尼尔曾给《金融世界》杂志（the Financial World）撰写过一篇文章，题目是"逆向思维者收获的季节就在眼前"，发表于1942年3月25日。这篇文章提出了一些相反的观点，"现在那些有勇气超脱于抑郁的大众、沮丧的华尔街、看空的股评家的人，等到如今的这些空头转变成乐观的多头时，将大有所获地享受转为悲观的乐趣。"

市场却停止了下跌，似乎在说："到此为止吧，这种绝望的态势已经够了。伟大的美利坚合众国要参战了！"事实上，市场长期下跌之后形成底部的日子，恰巧就是科雷吉多尔岛沦陷的日子。虽然到目前为止，美国一直在败退，但股票市场的前瞻能力远比我们敏锐！

5　社会狂热中的自我迷失

美国回到3个世纪前的1634年，在荷兰这片土地上发生了全世界有史以来最有名的大众狂热事件，如今人们称该事件为"郁金香狂潮"。抢购郁金香的狂潮，尤其是那些稀有品种，席卷了整个国家。恐怕我们现在根本无法想象当时疯狂的程度，但是它的确发生过，其真实性不容置疑。[1]

郁金香的价格涨到了荒诞的高度。1636年，由于郁金香投机造成的巨大需求，导致其珍稀品种成为阿姆斯特丹（Amsterdam）乃至所有荷兰城市的股票交易所的交易对象。不久，每个人都加入到郁金香球茎的赌博中。《惊人幻觉与大众疯狂》的作者查尔斯·麦基告诉我们，就像其他每一个狂潮一样，"每个人都认为郁金香狂热将会永远持续下去，世界各地的财富都将涌入荷兰，无论开出什么样的价钱，他们都会照付不误。欧洲的财富最终会集中到须德海（Zuyder Zee）海岸，贫穷将在荷兰这片受到上苍特别关爱的土地上永远消失"。

郁金香经纪人就像股票经纪人，在"郁金香价格"的起起落落之中大展身手。每个经纪人都赚得盆满钵满。查尔斯·麦基告诉我们，

---

[1] 您可以从查尔斯·麦基（Charles D. Mackay）的《惊人幻觉与大众疯狂》（*Extraordinary Popular Delusions & the Madness of Crowds*）这本著作中读到全部经过，其文字通俗易懂，幽默风趣。这本著作1852年初版于伦敦。伯纳德·巴鲁克（Bernard M.Baruch）曾为美国版本作序，他认为，对于试图理解群体心理学的任何人来说，这本关于大众疯狂的书，就是必读的著作。

许多人一夜暴富，不管是贵族、公民、农夫、机械师、水手、车夫、女佣，甚至扫烟囱的、捡破烂的都在郁金香狂潮中乘风破浪。

随着狂热的加剧，人们开始孤注一掷，以荒唐的价格卖出居室、房产，换回现金然后投入郁金香投机狂潮。

就像所有大众歇斯底里症一样，这场狂热最终也会走到终点，但是它的后果却过于惨重，无数人一贫如洗。当崩溃到来时，价格下跌的速度远远超过上升的速度。于是，屡见不鲜的一幕也出现了，人们都把希望放在政府身上，希望政府会救援他们的财务危机。最终一团乱麻被提交到海牙（Hague）的省议院，"人们满怀信心地指望这个智慧群体会拿出什么绝招，重新恢复信用系统"。

这场狂潮波及的范围如此之广，所有的商业领域都未能幸免，荷兰全国的财务状况都千疮百孔。尽管海牙省议院绞尽脑汁，但还是无计可施。他们想不出什么可行的方案，于是只好"让这场事件自然地停下来"。《惊人幻觉与大众疯狂》告诉我们，这个国家蒙受了巨大的冲击，"多年之后，才恢复元气"。

另外两件史上最负盛名的投机狂潮，就要数法国约翰·劳（John Law）[1]的"密西西比骗局（Mississippi Scheme）"，以及英国的"南海泡沫（South Sea Bubble）"了。这两桩事件几乎同时发生在18世纪之初。这里不打算长篇累牍地详细说明，只要知道其中一个是关于纸币的，一个是关于股票的就够了。伎俩和手法，并不比数年前发生于波士顿的庞氏骗局（Ponzi）"从彼特借钱付给保罗"的手法高明。就事论事地说，它们也不比20世纪20年代的佛罗里达的地产热更荒谬，当时公众甚至愿意掏钱买下佛罗里达偏远地区，且已经淹没在水下的土地。

为郁金香神魂颠倒的大众心理与当今人们对无线电广播中有奖收听节目的歇斯底里症状，就像是一个模子刻出来的。

---

[1] 我觉得更应该研究一下约翰·劳的货币骗局，因为"劳氏主义（Lawism）"已经被现代货币学界借用了。

无论您翻阅历史的哪一篇章，或是研究现实中的日常生活，您都会发现：当狂热（仅仅在"疯狂"的程度上有差别）已经使"群众"上钩，人们便迷失了自我。

我们已经从近年发生的数不清的事例中目睹了这一现象。也许您对"大拇指汤姆高尔夫球场（Tom Thumb golf courses）"的事有所耳闻。它们在每个村庄的空草地上一夜之间冒出来，仅仅持续一两个月，然后就销声匿迹了。那些"来迟一步的人"就会两手空空，其方式与在华尔街企图高抛低吸炒作股市波动的公众亏钱的过程没什么两样。

基于此，我希望给您推荐另一本书，这是一本关于群体行为的经典著作。该书著于50多年前，作者是一位才华横溢的法国人，名字是古斯塔夫·勒庞（Gustave Le Bon）。我相信自从该书于1890年在伦敦面世以来，已经差不多重印20次了。现在美国也已有售，由麦克米兰出版公司发行，这本书是《乌合之众》（The Crowd: A Study of the Popular Mind）。

勒庞直截了当地解释了大众行为的特征、群体是什么、群体对各种影响的反应。

群体与个体之间存在本质性的差别：个体多半会在推理分析后采取行动，而群体则根据感觉和情绪行事。群体追随领头人，或对领头者的行为亦步亦趋。

在勒庞看来，群体极易"相互感染"。如果一种想法对少数人产生了吸引力，则有可能层层扩散，迅速吸引群体中的更多人，或者说，最后成为"每个人"。群体可能由任何数目的个体组成。有些权威人士认为5个或更多的人才能算作一个群体，也有人认为，群体包含的人数应该远远比5个更多。我们的目的，只是希望把"逆向思维理论"应用于引起了公众注意或群体注意的种种事件上，至于其中到底牵涉多少人倒并不是问题的重点。当然，就某种逆向思维的可信度来说，其唤起的公众兴趣越强烈越好，换句话说，群体包含的人数越多越好。

因为群体是不动脑子的,只凭冲动行事,所以公众意见频繁地出错。同理,因为群体常常迷失在感觉或情绪之中,所以一旦某种社会狂热已经成型,大众将不顾一切地投身进去。在股票市场上,这一点表现得淋漓尽致。如果股价处于低位,且波动较小,则群体漠不关心。大众极容易受市场气氛的影响。当价格上升时,群体则显得尤其激动。因此,在股市监管不严的早期,操纵者往往故意拉升股价,诱惑"群体"跟风入市。

勒庞还告诉我们,群体的另一大特征是容易受"暗示"的影响。本质上来说,暗示就是"相互感染"。勒庞进一步指出"无论群体看上去对某种事物多么漠不关心,实际上,它仍然处在满怀预期的盼望状态中,因此很容易受暗示的摆布"。

从以上描述我们就能看出,为什么官方发布某些重要的公告具有"暗示作用",并很快转化为群体中相互感染的状态。

我们不妨停下来想一想,平常的闲言碎语是如何像一阵风一样迅速传遍整个小城镇的。一则稍带刺激性的流言蜚语的传播速度,可以让任何人惊奇!而且,人们以讹传讹,原来的故事也越来越夸大。这一点与经济和商业新闻还有政治新闻,都是一致的。

勒庞进一步告诉我们,群体"思考都是一根筋,而且只会直观地思考……"举例来说,两三年之前,曾谣传咖啡短缺,于是大批妇女立即光顾商店,扫购囤积咖啡。这是群体行为学的一个完美例子。她们根本没有动脑子想一想,咖啡贮存时间过长会腐坏的,而且,这则传言,咖啡供应紧张的说法,有可能是不实或者夸大之词的。正如我们无数次说到的,群体是不可靠的。

在政治上,如果我们留意到勒庞关于领头者对群体影响的论述,便会觉得很有趣。杜鲁门在1948年的全国巡回竞选活动中,一直把《乌合之众》这本书装在裤兜里,似乎随时都准备打开读读,从中得到灵感。看一下这段,勒庞是这么说的:

> 群体沉溺于自身夸张的感情中，也只有夸大其词的言语才能打动他们。如果演说者企图打动一个群体，必须有过激的情绪。群体喜欢的，都是强烈激烈的主张。夸大其词、强行灌输、无数遍重复、从不通过推理来论证任何事情，集会的发言人就是用这些看家手段来辩论的。

我想，您越是深入了解群体心理学这门学问，您就越会感受到，商业周期中，人的因素是强大的推动力，甚至是最主要的力量。货币因素是强有力的，生产能力也提供了基本判断的支撑，但是，"人们"打算做什么，始终应该排在第一位认真考虑。

一位就职于一家经济研究基金会的著名经济学家曾写信给我，我认为他信中的意见极具价值，所以我将信的内容公开如下：

> 长久以来，我一直认为，没有一种牢靠的方法，可以总是有效地预测商业形势的重大转折，也没有一种百发百中的方法，可以预测股票价格的重大转折，但是在所有不完美的研究方法中，逆向思维法无疑是最有希望，最可能产生美好前景的。

换句话说，如果我们希望预测经济趋势时有更高的准确度，那么除了统计学数据外，还需要其他东西。

6 通货膨胀下的经济幻觉

也许我们再举一个例子，能够把大众心理学的妙处展示得更加鲜明。

通货膨胀这个经济现象，可以说集中地反映了大众行为的贪婪和恐惧。历史中一桩接一桩的通货膨胀，或者囤积居奇狂热举不胜举。20世纪20年代，德国和法国的通货膨胀很奇特，20世纪40年代中国的通货膨胀也不遑多让。相比来说，美国的程度还算较轻，起码它在这里没有"失控"。

有一例史上几乎最著名的通货膨胀事件，就是18世纪发生在法国的"不可兑换纸币（the fiat-money inflation）"故事。这里我们会作一番简要的回顾，因为在这次事件中，引发通货膨胀的原因，以及官方采取的"控制"手法，对当今全世界来说，都有重大的教育意义。

纵观历史，我们一次又一次发现，每当国家遭遇财政危机时，大家，或者说政客们想到的第一个办法总是："更多的货币就能解决问题"。

安德鲁·D. 怀特（Andrew D. White）在其经典的论文中写道[1]：

> 1789年初，法国发现自己陷入深重的财务困境，债务负担沉重，政府赤字庞大。

---

[1] 《法国的法币通货膨胀》（*Fiat Money Inflation in France*），可以从经济学教育基金会（the Foundation for Economic Education）处找到该书的摘要本。爱达荷州考德威尔（Caldwell, Idaho）的卡克斯顿公司（The Caxon Printers）再版了该书的全本。

如果采取理智、合理的措施，谨慎小心地监控、明智地管理，那么在一段较长的时期后，人们和商业肯定能重新恢复信心。但是这样的措施、耐心和自我牺牲，在人类历史上，说凤毛麟角已是高估，准确的说法，应该就是没有。

怀特先生的话似乎让我们记忆犹新，因为这些话，同样适用于20世纪中叶。

在法国，艰苦奋斗是没有什么吸引力的。怀特告诉我们，大家都在追求发达的捷径：

不久，"法国最需要的就是更多的货币"（放在今天来说，就是需要更多美元）这种想法就在全国传开了，于是，各路人马都跳将出来，呼吁多发行纸币。

当时，伟大的米拉博（Mirabeau）力图依靠自己的雄辩，阻止马雷特（Marat）的计划，这个计划可以说后果不堪设想。马雷特打算用教会拥有的土地为抵押发行纸币。米拉博在国民议会（the National Assembly，法国大革命）上大声疾呼，反对这个没有贵金属支撑的纸币，而且还是要发行4亿之多！但是他的呼喊无人响应。

当然，发行纸币的刺激作用倒是立竿见影。短短时间内，商业迅速升温，人们都很开心。法国人都为这个了不起的计划兴高采烈。

然而，揠苗助长的经济绝不会长久。5个月后，货币花光了，"政府再度陷入危难"。在冗长的辩论后，明智的意见再次被弃如敝履。1770年9月29日，国民大会投票表决，以悬殊的比例通过发行更多纸币的议案，而且这一次，数额是上次的2倍。

把通货膨胀当成经济繁荣的幻觉继续肆虐法国，这是一条不归路，狂欢一旦开场，就停不下来了。随着纸币的快速贬值，更多的货币涌进市面，一茬接着一茬。

这时，官方也发觉不对劲，不得不火急火燎地制定法律，挽回局势。土地产业被没收，实行"最高价格法"。

怀特解释道：

> 一轮又一轮的无根纸币加重了灾难。但是，除了货币刺激的回光返照外，没有任何实质的对经济的提振效果，由此一来，病情就更恶化了。
>
> 最后的崩溃终于到来，经过一阵可怕的动荡，事情开始回归正常状态了。资本与劳动回报水平开始呈现出合理的范围。直到此时，经济繁荣的新时代才真正开始揭开帷幕。

当政府，其中包括美国政府，背负着巨额债务时，每个有头脑、愿意独立思考的公民，都有义务回顾过去曾经发生的灾难性通货膨胀事件，以及揠苗助长的经济手段，这两者总是伴随着群体的歇斯底里而出现，同时，防止政客们采取的投机取巧的手段，表面上是提振经济，实际上只会带来更大的灾难。[1]

---

[1] 对于理解"大众幻觉"最有帮助的著作，当属罗伯特·L. 斯米特里（Robert L. Smitley）所著《流行的金融错觉》（*Popular Financial Delusion*）。我很高兴地告诉您，这本精彩的著作已经由我的同事詹姆斯·L. 弗雷泽（James L. Fraser）再版。斯米特里先生已经退休，在美国经济学文献领域，他具有无可置疑的权威地位。曾经有一段时间（1907—1910），他是纽约股票交易所的会员，但他最终发现自己的兴趣在于对金融市场领域的学术研究，而不在于在交易所场内追逐交易订单（虽然他始终是一位老练的投机家和投资家）。他的图书出版生意成长为世界级的。很多大学和私人图书馆藏有出版人斯米特里编撰的社会—经济学书目。我从斯米特里先生多年来对我在阅读和研究方面的指导和忠告上获益良多，无以为报。因此，我很高兴利用本书出版的这个机会，表达我对他的恩惠的衷心感谢。

7 独立思考货币方面的问题

"货币"的问题太过复杂,我们没办法在本书中详述。它本身就是一个经济学课题,并且关于它的争论,迄今仍然令全世界最伟大的思想者感到困惑。我就不妄自尊大在这里就货币经济学展开学术讨论了。

不过我确实希望您可以独立思考货币方面的问题,因为公众并不了解它,一般商界人士对它也不过是一知半解。但是谈到经济趋势,"货币"问题确实绕不过去,而且必然会对经济产生直接且深远的影响。

在经济调控方法中,货币政策是一件微妙而难以把握的工具。如果您肯花点功夫和心思,了解货币政策中较常使用的方法,您就有能力分辨出与商业报道中的说法相反的趋势。

举例来说,1949年货币政策的转变,毫无疑问地止住了经济形势的下挫。我在1949年上半年,根据当时公众的群体观点,使用"逆向思维理论",得出景气衰退过程将被再度推迟的结论,正是这个政策,让我的预言成真。

让我们把美国联邦储备委员会在1949年6月发布的政策文告一字不差地摘录下来:

> 由公开市场委员会掌管政府证券的购入、售出和市场运作是联储的政策,其首要考虑因素就是商业和经济形势。

这段话表明，美联储扮演的是一位与经济周期角力的角色。前任财政部长斯奈德（Snyder）在1950年宣称，债务管理政策是"财政部长的责任，其他任何人无权插手"。由于财政部希望货币环境宽松，也就是低利率，而美联储希望控制利率，于是在随后的几个月里，我们目睹了一些"有趣的争执"。当时的情形是：利率上涨，紧随着联邦储备委员会的政策开始打压债券市场，政府债券价格下跌。1951年，利率进一步坚挺，长期债券的收益率远高于3%的水平。

在整整一年里，信用扩张与货币紧缩之间的角力永远是新闻的常客。美联储下定决心要约束消费借贷的扩张势头。

基本上来说，公众和商业界人士对货币政策并不了解。在这样的情况下，逆向思维者有必要研习货币市场和政府债券市场的相关知识，然后才可以评估银行业管理当局以及政府部门对经济趋势可能发挥的影响。

既然全世界包括美国在内，"已经与黄金脱钩"，货币供应量就完全由政府来控制了，不再取决于金属。因此，货币供应就成为经济预测的点金石。

> 1951年初，我发表了一个货币方面的逆向思维，认为利率将会升高，政府债券价格将会下跌，因为这是美联储对抗通货膨胀的必要措施。这是一个有趣的，逆向思维政府宣传的例子。（当时总统和财政部长不断鼓吹长期利率水平维持在2.5%的水平，但是利率最终上升了）

艾森豪威尔政府虽然不遗余力地谋求稳健的货币方案，但是滚雪球一般的政府开支和"太空时代"的开支，将他们的努力毁于一旦。

8　逆向思维的弱点

公众总是错误的吗？

这可能是对"逆向思维理论"问得最频繁的问题。

为了得到正确的答案，我们有必要改变一下问题中的用词。

我觉得这样问更合适：是否公众在所有时候都是错误的？

答案显然是"不是"。甚至，公众正确的时候还多过不正确的时候。股市的说法很有见地，在趋势中，公众是正确的，在趋势的两端，公众是错误的！

我们也可以断言，在事件发生的契机点上，趋势终了的阶段，公众通常是错误的。

因此，如果用诙谐的语调来说，答案则是："是的，必须正确才有所收获时候，公众总是错误的，但是在随波逐流时，公众是正确的。"

经常有人问我："1928年和1929年的情况怎么样，难道当时公众对市场的看法不正确吗？当时如果采纳逆向思维，就错了吧？"

如果您所谓的"正确"指的是在狂暴的投机旋风中随波逐流，那么公众在1928年的确是正确的，但是也正如上面所说，当市场出现最后一击时公众往往是错误的，果不其然，1929年，公众都为自己的错误买了极大的单。

那么，很多人就会说，如果这样的话，那么相反的意见也可能是错误的啊。比如在1928年和1929年的投机狂潮中，从防止人们卷入这场风暴的意义上说,"逆向思维理论"是正确的,但是从账面利润来说,则无可置疑是错误的。

1928年,许多理智的投资者在认识到市场走得太离谱之后,清仓离开了股票市场,不过在看到价格仍然持续地暴发性上涨,其中不少人又为之吸引,重新卷入其中。"每个人"都沉浸于百年难遇的上涨行情,几乎没有人留意到财政部长梅林(Mellon)在1929年7月发表的隐晦评论,"现在是买债券的好时机"。实际上,没人在意他说的!

这里,有非常重要的一点需要声明,逆向思维常常导致使用者超前于事件真正发生的时机。逆向思维最大的弱点,就是它也无法给出准确的时间点。

经济学中,"时间要素"才是真正最难把握的因素,这一点我们一定要牢牢地印在脑子里。据我所知,迄今为止还没有人发现什么方法可以用来确定事件或趋势的时机。

因此,在使用逆向思维时,我们脑袋里必须绷着一根弦,我们的看法可能大大超前于群体。

因为大的经济趋势要发生转变乃至方向逆转,其过程常常是非常缓慢的。经常出现的情况是,当时的大众意见一边倒,所以相反的意见是很容易判断出来的。但是即使判断出逆向思维,要等它奏效,也许还要花上几个星期或几个月的时间。当局面发展到产生质变的时候,才使得这种逆向思维成为正确的结论。

不过,我们仍然可以肯定地说:在经济决策中,领先总比落后好。这一点不仅仅适用于股票市场,同样适用于商业策略以及其他经济方面。

所以,我们这一章的结论是:公众并不是在所有时候都是错误的,而相反的意见通常在时机上超前。

9 如何应用"逆向思维理论"

到这里，我们对"逆向思维理论"的简要论述就差不多结束了，但是，我们还得处理一个事关重大的问题：应用"逆向思维理论"是不是很困难呢？

显然，这个问题相当棘手，因为该理论并无固定的模式。

我首先在本文中举了足够多的例子，证明如果我们养成了与群体思维相反的"思考习惯"，正确的时候就会比错误的时候多。在这个前提下，我们要思考的的确是如何应用。

不可否认，该理论是难以掌握的，常常出人意料。

首先，逆向思维与人们的自然反应是相悖的，这一点本身就极其困难。

其次，与他人讨论您的逆向思维时，他们总是像被老虎咬了屁股一样，猛跳起来，疯狂地抨击你。他们找出无数理由和论据，要驳倒你，证明你的相反观点是错误的。人都是倾向于合群的，同其他人一样的想法才被看作是合理的，所以坚持您原先的相反立场就非常困难。

最后，我们说过，逆向思维常常领先于事件发生的时间，所以需要花费长时间之后才能证明您的观点。等待会削弱您的信念，甚至会让您开始担心自己的逆向思维是不是错了。

如果我们听一听弗兰西斯·培根爵士（Sir Francis Bacon）的名言，或许有助于理清头绪。300年前，他告诫他的学生，"相信任何事物之前，怀疑！特别不要轻信你的偶像！"在其《新工具》(*Novum Organum*)一书中，这位敏锐的思想家确立了他对一切事物的怀疑，然后才过渡到他对知识的思考：

> 一般地，应让每一位学生将以下这一点当作一条规则记牢，无论他的头脑已经形成了何种看法，或者已经何等安然地接受了何种事物，都应当对该事物保持怀疑态度，如此一来，他就会在处理此类问题时更加谨慎，确保对其的理解是清晰、不偏不倚的。

如果在考虑经济政治事件时，忽略了群体意见，那么我们的预测一定会出现很多错误，这一点，已经是公论了。逆向思维方法无疑能够帮助我们，避免预测过程中许多易犯的错误，这些失误往往由于错估了大众的未来行为而引起。

我认为，在行政手段更多的经济体中，较之自由放任的经济体，上述情形发生的更多，或者说，更猛烈。正如前面曾提到的，因为在人为操控更明显的社会体系下（我们正稳步地滑向这样的社会），宣传手段成为史无前例的有力"调控"工具。

我们的大脑被想要影响我们思想的各式观念和说法不停地狂轰滥炸。到底有多少"新闻"实际上是人为炮制的，我们不得而知。如何将宣传和真正的新闻区分开来，需要通晓新闻采集和宣传机构运作内幕的敏锐头脑。

幸运的是，评估公众意见，商业上的公众意见，分析出相反的观点，并不需要那样敏锐的头脑。这样的过程需要练习，但是并不像表面上看来那样困难。

为了不让大家打退堂鼓，我想说，与创造全新的思想相比，采取与大众观念相反的立场要容易得多。

逆向思维是有益的，因为这使您对的时候比错的时候多。

第二篇 关于逆向思维理论和逆向思维方法的随笔

SECTION II ESSAYS PERTAINING TO THE THEORY OF CONTRARY OPINION AND THE ART OF CONTRARY THINKING

只要按与习俗相反的路子干,总能干得很好。

——让·雅克·卢梭(JEAN JACQUES ROUSSEAU)

(1712—1778)

10　潮起潮落的大众激情

在这组关于"逆向思维理论"和人群心理学的杂文中，第一篇文章先要看一看由战争煽起的一波波大众激情。

人群情绪都是随着一系列事件的展开而逐渐升温的，但是在大众情绪升温的过程中，它就如同上涨的海潮一样，一波高过一波地交错发展。

战争无疑最能让人们激情澎湃，陷入疯狂。人们的情绪相互感染，四处蔓延。爱国激情、恐惧、对敌人的仇恨，所有这一切混杂在一起，让人们兴致高昂，聚集在一起，寻求集体的安全感。

威尔弗雷德·特罗特（Wilfred Trotter）[1]指出：

> 群居动物最基本的特征，就是对同一种群内其他成员的感同身受……对整个群体的威胁属于最强烈的刺激……群体中的个体对这类刺激会做出最强有力的反击……

埃费里特·迪安·马丁（Everett Dean Martin）[2]告诉我们：

---

[1] 《战争与和平时期的群体本能》（*Instincts of the Herd in Peace and War*. London: T. Fisher Unwin, Ltd., 1916）。在1916年和1918年阅读和研究该著作是何其契合时宜。该书已有修订版，R.W.查普曼（R. W. Chapman）编辑。

[2] 《大众行为》（*The Behavior of Crowds*, New York: Harper & Brothers, 1920）

在这种情况下，人们所有的兴趣就是打垮敌人！甚至追逐利润都排在那之后。

在我们反省战争激起的汹涌群情时，或许可以回想起阿诺德·汤因比（Arnold Toynbee）的告诫：

1914到1918年，以及1939到1945年的两次世界大战，并不是毫无先例的灾难。这两场战争前后呼应，彼此关联，串联成一个系列。

不仅如此，这个系列还是"渐强式"的，汤因比的结论是，后面这场战争"都还不是这曲乐章的最高潮"。

当然，如果真的到了毁灭"整个群体"的危险降临时，群体的本能就会被完全激发起来，这一点很重要，可以说是人类还能存在于地球上的首要原因。

特罗特在谈起战争期间，人群心理学的这一特点时，援引了1899到1901年的波尔战争。"这场战争没有直接威胁本土（指大不列颠），也没有人认为它有可能直接威胁本土。"西班牙和美国的战争也比较类似。在德国按兵不动的1940年冬季的短暂"冷战"中，各国民众都对希特勒的威胁漠然视之。

因为朝鲜战争扩大化的方式较为激烈，加上国内推行的庞大战时计划以及铺天盖地的宣传攻势，终于在1951年初掀起了波涛汹涌的大众激情。这和历史上数次战争时期群情激昂的情况终于合拍了。

但是需要注意一点，如果战争的主要目的是阻止战争，就不大可能形成持久或强烈的社会情绪。下面几个原因可以解释这一点：

◇ 如果真正的战事没有在几个月的时间内爆发，那么民众的战争激情会逐渐消退。

◇ 如果爆发了一场世界范围的大战，其灾难性后果显然远比我们预计的要严重。

◇ 如果战争的威胁突然解除，那么大众对战时计划以及它所带来的种种限制马上转变为反对态度，转变的过程同样来得很快。

11　投资者的困境

不久前，关于股票市场的预测和投资实际操作，有了一场热火朝天的争论，"尼尔逆向思维理论"突然吸引了大家的兴趣。

威尔弗雷德·梅（Wilfred May），时任《商业和金融年鉴》（the Commercial and Financial Chronicle）的执行编辑，他在1950年12月27日芝加哥的一场演讲上，挑起了这场投资理论的"华山论剑"。他大肆抨击当时在市场上大众接受程度最高的市场预测做法，然后，通过一个极具说服力的案例，隆重推出"价值投资"的概念。他的理论是，我们应当买入具有价值和前景的股票，就像买下一块农场或是盘进一家商店一样，而不是在市场波动起伏中低买高卖。我回顾自己25年的投资生涯，心悦诚服地赞成这样的投资策略。

在"读者来信"一栏里，我不期然地卷入了随后的论战中。温斯洛—科苏—斯特森公司（Winslow, Cohu & Stetson）的B. K. 瑟洛（B. K. Thurlow）是纽约股票交易所的会员，他表示同意梅的买入策略，但是他反问梅，卖出的策略是什么呢？在瑟洛先生的反问中，有这么一条：

> 您是否认为尼尔的逆向思维理论，这种大众心理学投资方法应当在您的投资策略中占有一席之地？

这个问题是个好由头，我觉得是该我出场的时候了，乘机吹响了

"逆向思维理论"揭竿而起的号角。

有句老生常谈的话，我不知道该提不该提，所有问题，归根溯源，都是人性的问题。

大多数投资者并不思考，也不愿意思考。他们总是期望找到自动化的预测方法，自己就省得辛苦研究了。如果能够借助某种市场摆动方法"读出交易信号"，就可以万事大吉了。问题是，想要地下的金矿，就必须经过艰苦的劳动，一铲一铲地把土挖起来再抛出去，寻找宝藏从来就不是一项轻松的工作！梅先生的"买入价位"概念毫无疑问是高明的投资方法，但是这必然需要付出艰辛的劳动和严格的自律。大多数投资者永远也不愿意付出这样的代价。

因此，我可以放心大胆地断言，除非人性发生改变，否则，"逆向思维理论"就是有效的工具。何况千百年来，人性从没有改变过。只要大多数投资者以及他们的投资顾问总是作为群体来行事，逆向思维就是正确的方法。

人无完人，事无尽事，如果哪位依赖"逆向思维理论"来选择自己的出入市时机，那么他免不了会失望的。

如果仅仅因为时机判断不准这一点，就否决该理论的适用性，那无疑有点因噎废食了。至今为止，还没有什么方法可以准确定位经济趋势形成和逆转的时机。但众所周知的是，市场趋势反转时，众人总是错误的。

也许使用"逆向思维理论"，您的判断下得过早，但是它仍然有用，为误差留些余地，明白自己也许会比预定的时间早到一会儿，但是起码这样，您不会误了火车。

如果您采用梅先生的可靠观念，则您有更多的理由成为一个逆向思维者。深刻的头脑一定是反向思维的头脑。如果我们想发掘金矿，我们应该选择未曾开采，且表面看来似乎可能性不大的地点开挖，试想一个被无数人挖过的地方，下面即使有金矿，还能是你的吗？类似的，当市场上人气沸腾，"每个人"都在买入的时候，价格其实已经远超过了价值，但是却被众人忽视。显然，当市场处于"高位"时，有"价值"的投资对象就越来越少，然而正如梅先生所指出，总是有人愿意深挖不止。

12　习惯

在本书第二篇，这些逆向思维方法的随笔中，"习惯"这个词将时常出现，所以我们先来聊聊这个话题。

理所当然，习惯一直是心理学研究的主要领域之一。习惯多种多样：有长久不变的，有不时地变化的。

威廉姆·亨利·米克塞尔（William Henry Mikesell）[1]告诉我们：

> 人们头脑中的每一部分都已经形成习惯了。

不仅如此，而且：

> 每个人都既有思维习惯，也有技能上的习惯。我们能够对某个人10年之后的情况作出一个基本的判断，就是因为人们的思维方式形成了某种固定的模式，所以他的发展路径也基本上不会有太大偏差。每个人都有情感上的习惯，很少出现很新鲜的情感，绝大多数感情都是过去曾经体验过的。在很大程度上，待人接物的态度就属于情感习惯……每个人都有情绪习惯、理解问题的习惯。

---

[1]《心理卫生学》（*Mental Hygiene, New York: Prentice-Hill Ine., 1939*）。

由于习惯的强大作用，我们形成了各种例行公事的行为模式和思维模式。这一点既可以用于解释日常生活中饮食、衣着的习性，也可以解释商业、金融上的思维习性。随着人生前行，我们的判断也渐渐养成了许多固定的模式。如果面临超出常规的问题，我们也许能够摆脱"习惯性抉择"的套路，但是在商业上的日常活动中，决策多半还是出于习惯。

我们对经济和市场的感受也渐渐麻木，除非我们不断地借助新鲜思想或者历史背景来让自己的头脑再度活跃起来。正如佛蒙特当地人所说的，人总是"沉醉于自己的老习惯中而不觉"。

为了说明上述道理，您不妨把两类人的思维习惯作一番对比，一类人是在20世纪30年代接受教育，开始商业生涯的，另一类人是20世纪20年代或者更早就成年的。无数年轻人被20世纪30年代的大萧条和新政早期的艰难岁月深深地影响了，结果这一类人养成了消极悲观的思维习惯，另一类人则是在经济繁荣、个人主义盛行的年代成长，结果自然养成他们无比乐观，觉得万事大吉的思维习惯。要在这两类人的观点中找到共同点，实在是难上加难。

威廉姆·詹姆斯（William James）在他散文名作《论习惯》（*Habit*）[1]中强调：

> 人们现在都知道，任何一种思考方式，如果被人一再重复的话，这个思考方式就会固定下来，再想改变就难了。因此，我们常常发觉，如果在某种情境中，我们如是觉、如是想、如是为，那么在类似的情境中，只要没有其他明显的不同，我们就习惯性地如是觉、如是想、如是为，自然，同样的思考，意味着同样的结果。人们广泛地接受先入为主的明

---

[1] New York: Henry Holt and Company. 1914. 最初刊登于《大众科学月刊》（*Popular Science Monthly*），1887年2月。后来收录于詹姆斯的《心理学原理》（*The Principle of Psychology*）。

显事实，以至于这个词已经变成了一句格言。

习惯使我们的思想落入俗套，如果想要从俗套中解放出来，就得花费可观的精力和时间。同时，当我们考虑群体行为时（很可能因为我们打算采取相反的立场），我们一方面不得不考虑到该群体的思维习惯，另一方面也不得不考虑到我们自己的思维习惯。"惯性思维"惯常反映在经济、政治活动中，在股票市场上也屡见不鲜。

13　大众对通货膨胀的心理

据已故的弗兰克·帕克·斯托克布里奇（Frank Parker Stockbridge）在一本已经绝版的小书中介绍，他在研究过程中碰到的"第一例"通货膨胀，发生于25个世纪之前，那就是公元前5世纪。从那时起，已经发生过无数起通货膨胀。每当通货膨胀发生时，政府或独裁者（历史上独裁统治的时间和广度远超过民选政府）总是试图操纵市场或疯狂印钞来平息通货膨胀，而不是采取治标又治本的可靠措施。要不是因为通货膨胀的后果非常悲惨，很多人民不聊生，想到他们的拙劣手段，我们都可能感到可笑。

第一场通货膨胀发生在雅典（Athens），公元前594年，当时梭伦（Solon）被推选为雅典的最高执政官，他颁布了一项计划，宣布减轻债务人的负担，重新分配社会财富。此举为后来的政府立下了样板，在2500年的历史上，本质上，它们都是一样的。

斯托克布里奇接着写道，希腊人喜欢引发通货膨胀的名声就此传了开来。梭伦称他的计划为"赛莎克西亚（Seisachtheia）"，字面上的意思是"减轻负担"。有趣的是，这个口号与现在的政治口号如出一辙。他在实行"赛莎克西亚"时，采取的措施，也是我们现在已经耳熟能详的那一套。降低货币价值，取消农业债务。

不同点在于，历史上各种各样的通货膨胀，它们的"时间因素"各不相同。也就是说，从通货膨胀初生到通货膨胀肆虐，花费的时间各有长短。

所以，很显然，研究大众对待通货膨胀的心理过程，与研究导致通货膨胀的各种经济因素同样重要。

20世纪30年代初，罗斯福总统将美元与黄金脱钩，开始让黄金价格自由浮动，当然，其实自由浮动的是美元的价格，不是黄金的。于是出版界一窝蜂地印行了大量通货膨胀的书籍和小册子。在现代任何一份关于通货膨胀的参考文献目录中，都包括了大量的20世纪30年代的文章和小册子。所有人都被反复灌输，通货膨胀就要来了，它会毁了我们的生活。然而，大众似乎并不这么想。

他们继续平静地过着自己的生活，对这种可怕的危险一点都不在意，一如继往地对美元信心十足。美元实际的价值，或者说由黄金支撑的价值，已经被剪掉了一块，但是大众对此茫然不觉，或者根本没兴趣去了解。他觉得自己兜里的美元还是一样值钱。结果也和大众的想法一样，根本没有什么毁灭性的通货膨胀，美元的价值也维持在那个水平，流通货币的金额也保持平常状态。通货膨胀的火什么也没有点着。

又过了15年，星星之火开始在公众的心头酝酿，他们开始"对美元币值的疑虑"。与此同时，通货膨胀的源头——货币政策——开始采取轻微的紧缩。经济力量和心理因素之间展开了一场竞赛。如果当时我们选择经济力量终获胜，而不是心理因素的话，本可以避免通货膨胀失控的。

即使到目前为止，通货膨胀能否被控制住，还是得依靠货币政策和政府的预算控制。

14 看不出大众意见的时候

当所有人都忽视了一桩至关紧要的事务时，可能这件事对每个人都很重要。

在应用"逆向思维理论"时，有时您会发现，对于我们正在研究的问题，以及与之相关的各类经济因素，大众根本没有看法，人们对这个问题缺乏兴趣。

那么麻烦事就来了，我们怎么能够站在根本不存在的"大众意见"的相反面上呢？

我们使用"逆向思维理论"，只是为了判断趋势，并不是纯学术性地评估大众意见。只要特定的经济因素对趋势有影响，那么即使大众对之毫无兴趣，我们也需要把它们考虑进来。因为大众最终会对其后果产生反应。

影响最大，而大众兴趣最小的事，则要数货币和银行的问题。货币问题当然包括"信用"的问题。

关于货币、信用和银行的研究专著、学术书籍已经汗牛充栋，但这还是一个没有被完全捋清的课题，我本人对之不敢说非常了解，从李嘉图（Ricardo）到凯恩斯（Keynes），从约翰·劳到欧文·费希尔（Irving Fisher）和萨姆纳·斯利克特（SumnerSlichter），从早期的金属货币，到近期的货币供应量理论，这些货币方面的魔术师一茬接一茬地抛出他们的理论。

如果我们没有受过专业货币经济学教育，那么我们不得不凭借一些简单法则来判断。这些法则简单浅显，所以我们更能理解，尽管那些学术权威们，因为它们不够深奥，而不屑一顾。

我们看看下面这个例子：

◇ 为了限制供给就促使货币短缺，币值上升；
◇ 为了增加供给就促使货币扩张，币值下降。

或者看看另一个例子：

◇ 币值低，则商品昂贵，通货膨胀。
◇ 币值高，则商品价廉，通货紧缩。

产量、货币流通速度、就业状况（即购买力）等因素当然也会影响价格水平，但是基本上，货币仍然是决定价格水平的根本原因。

就像在高速公路上遭遇浓雾一样，我们也陷身在"货币迷雾"中，我们能做的，就是视线向下，集中到公路中央的白色标线上。这样，我们也许错过了高深学问那难以捉摸的脸庞，但是肯定不会完全搞错方向。

当货币危机发生时，借助逆向思维，我们就能把握住事情的本质，保持怀疑精神。

◇ 管理货币者和货币魔术师们的想法是什么？
◇ 他们的动机是什么？
◇ 他们的真实用心是什么？
◇ 他们是利用当前措施做一番试验呢，还是基于历史上的经验教训作出的可靠抉择？

◇ 货币管理者具有长远眼光，还是只顾眼前？
◇ 从以往的经验来看，我们应当采取和当前货币政策相反的立场，还是一致的立场呢？
◇ 大众后来会作出什么样的反应呢？

15　对少数派的仿效

有一种谬论，认为大多数人的选择，决定了社会、经济、宗教的趋势和形态。历史事实表明，恰恰相反！大多数人对少数人的仿效或追随，才是确立社会长期发展的轨迹和社会经济演进过程的真正原因。

要是您发现哪里有在卖《仿效法则》(The Laws of Imitation)，不管价格多高，一定得不惜代价弄到手。这本书里有加布里埃尔·塔德（Gabriel Tarde）最敏锐的洞察力和精彩的实例示例。您将从中发现一个使用"逆向思维理论"进行深刻思考的全新领域。[1]

富兰克林·吉丁斯（Franklin H. Giddings）是哥伦比亚大学的社会学教授，在他为该书撰写的前言中，用下面这种方式把塔德介绍给我们：

> 在种种社会现象中，仿效，很早就吸引了他（指塔德）的注意力。在他任职司法行政长官期间，观察到犯罪行为中存在大量模仿现象。很快，塔德先生就横扫了历史学领域，跟随了西方文明在全球散播的足迹，追溯了艺术、法律、学院的演进历程。大量的证据证明，在人类从事的一切事务中，不论是善的，还是恶的，仿效行为一直都是强有力的因素。对于一个深

---

[1] 1903年翻译自法文，Henry Holt & Company 同年出版。市面上很少见。

思远虑的头脑来说，上述现象的含义是显然的，必定存在某种心理学或社会学的仿效法则，值得进行彻底研究。

仿效行为以无数种形式出现，无论什么人，都必定自觉或不自觉地有过这类行为。

自从电影流行以来，好莱坞一直是效仿的样板。

在罗斯福新政的社会运动之前，年轻人从摇篮时起，就接受这样的教育：你，也一样能当总统。

小奥拉西奥·阿尔杰（Horatio Alger, Jr.）写了很多书，这些书鼓吹街头修鞋的孩子、报童都应当胸怀大志，一定要"跻身富豪之列"。老一辈人就是在这样的环境中长大的。

在股票市场上，仿效行为是很普遍的，就像众人盲从领头者一样。

塔德还对未来作了预言，他在这方面的尝试也值得注意。他是这么说的：

> 上个世纪（即19世纪）是一个大发现的世纪，可以有把握地预测，接下来的这个世纪会是一个调整的世纪。

塔德告诉我们，创新和仿效属于基本的社会行为。反过来，这些因素又受到信念和欲望的激发。由于篇幅所限，不能多说，只能算作给您来点开胃小菜，不过请允许我再添上下面这段话，以引起您进一步查阅塔德著作的兴趣：

> ……无论如何，这一点是没有问题的……信念和欲望非比寻常，它们总能适应不同的对象，使之和简单的轰动区别开来。这一特性体现在，人们相互效仿相互感染，反复加强了某种信念和欲望，以致在相同的时间里，凡是卷入这种场

合的人，都染上了类似的信念和欲望，如今我们已经不再流行忏悔、自省这样的事了……但是我们依然有其他流行的行当，彩票、股票投机、追逐对富、赌博，流行规模庞大的铁路债券，也流行黑格尔哲学、达尔文主义，等等。

16 请记下你的笔记

大约50年前，西奥多·伯顿（Theodore E. Burton，他后来成为美国著名的参议员）写了一本鞭辟入里的著作[1]。遗憾的是这本书已经绝版，也很难从二手书店中寻觅到它的踪迹。我觉得这本书很值得再版。它出版于1902年，随后的几年中又几番再版。要是您碰巧看到了这本书，一定要不惜一切代价买下来，添到自己的藏书中。

伯顿在这本书中引用了各种各样的语录，表达了很多与众相反的思想。也许您对从中摘录的两三则会有点兴趣。

例如在这本书的前言里，作者引用了克莱门特·贾格勒（M. Clement juglar）的一段评论，他是已故的法国著名金融评论家。克莱门特在《论商业危机》（Des Crises Cammerciales，1889）中这样写道：

> 一个国家富裕的程度，可以通过该国曾经经受过的经济危机的剧烈程度来衡量，这句话看上去似是而非，但是它确是真实可信的！

有个说法，"美国的资本主义经济体系总有一天会被突如其来的大萧条瓦解"，曾经有无数人对这种荒谬的错觉津津乐道……这种事实在

---

[1] 《金融危机和工商业萧条的周期》（Financial Crises and Periods of Industrial and Commercial Depressions. New York: D. Appleton and Company, copyright, 1902.）

发人深省。伯顿参议员对此深有感触，在他的书中写下这样的段落：

> 在经济动荡（即经济繁荣和萧条的交替）中，遭受折磨最多的国家，往往正是在数十年里，社会财富和物质生活水平增长幅度最大的国家。

我最喜欢引用的一段话，也出现在伯顿的这本书中：

> 投资时，如果别人做什么，你也做什么，那就太糊涂了，几乎可以肯定，太多太多的人都在做同样的事。

这段话是大约75年前，威廉姆·斯坦利·杰文斯（William Stanley Jevons）教授在他的《政治经济学入门》（*Primer of Political Economy*）中写的。（可见"逆向思维理论"并不新鲜！）

伯顿在他的书里反复叙说了军备生产所导致的"资本浪费"问题，他这样写道：

> 战争导致损耗、企业目光短浅的投资造成浪费、为了未来消费而使储备资本闲置带来的潜在损失，这些行为都具有滞后效应。同样，经济危机或商业萧条对社会的破坏作用，并不是立马就能显现出来的，只有持续一段时间后，才能充分落实……由于战争造成了巨大损耗，经过一段时间之后，将激起巨幅增长的供给活动，因为需求异常导致了几乎所有商品紧缺。由此看来，战争期间，或在异常活跃的投资扩张期间，经过一段时间之后，经济环境的真实面目往往被遮蔽了起来，比如失业率普遍降低，价格居高不下，投机活动盛行……（这些话早已精确地描绘了第二次世界大战后的情景，

然而，后来那些预测者错误地告诉我们，我们马上就要面临萧条）

如今，关于"货币供应"的文字更加层出不穷，有些研究人士更是断言，我更愿意称其为胡言，只要货币供应充足，就能阻止经济衰退。这时，如果我们拿出伯顿参议员的这段评论，实在太有趣了：

或许从表面看来，这是一个自相矛盾的结论：当危机和萧条刚刚发生的时候，我们也许会发觉，货币和资本其实都是充裕的，而不是紧缺的。

17　持有与群体相反的意见

首先让我们简洁地定义"群体（gregarious）"这个棘手的词语。这个词来自对应的拉丁语，原意为"成群结队地汇聚在一起"。

我发现有一本书对研究逆向思维方法有帮助，这本书是《战争与和平时期的群体本能》，作者是威尔弗雷德·特罗特，前面曾经提到过这本书。特罗特把他的社会学理论建立在"成群结队之人"的概念上，或者说建立在人类的从众本能上。他宣称：

> 人类就是一种群体性动物，实质上，这种群体性和蜜蜂、蚂蚁、羊群、牛群、马群等等的群体性毫无二致。人类的行为为我这个说法提供了确凿无疑的证据。如果我们探讨人类社会各种错综复杂的问题，这个理论就成为一条不可缺少的线索……

虽然可能和本文的主题不是很相关，但我觉得还是有必要非常简略地介绍一下特罗特的发现，他观察到人类的许多群体特征：

◇ 人类不能忍受孤独，恐惧孤独，不论身体上的孤独，还是精神上的孤独。我想几乎所有人都承认，人类确实具有这一特性。绝大多数人都不喜欢孤独。如果一整天完全与世隔绝，那么大多数人在头一个小时内就会变得无比烦躁。
◇ 人类对群体意见的敏感度远超过任何其他东西的影响。这就是所谓的"从众"理论。
◇ 群体狂热，个人狂热；群体恐惧，个人恐惧。（经济恐慌也反映了人类的此一特性）
◇ 人类明显受到领头者的影响。（提起这一点，我们立即会想到希特勒或拿破仑，其实历史上可以找到的民众盲目追随领头者的事例远远不止这两个）
◇ 人类很在乎是否被承认为该群体的一员。（这里我们可以使用心理学上所谓"名声竞赛"的说法，这涉及现代人事工作的领域，以及新兴学科"行业人际关系学"）

　　如果说逆向思维习惯教会我们开发自身的资源，愿意偶尔独处，仅仅就这一点已经很有价值了，因为当我们独处时，往往能够养成用心思考的习惯，而不是把他人的话拿过来不加思索地接受。正如一位作者所说，假如您不能把问题想透，问题就会偷偷溜走。如果我们真正学会思考，我们肯定就会成为少数人中的一员。

　　我发现了一个有助于思考的办法，首先听取当前最有影响力的主张，然后让您的头脑尽量搜集、思考其他各种您所能想到的与之"相反的"和"不同的"观点。我把这个办法称为反复思考（或者说思想反刍）。

18 "逆向思维理论"是一种"思维方式"但请不要滥用它！

常常有人提出这样的问题："逆向思维理论"到底是什么？

我们的回答很直接，也很一致：它是一种思维"方式"。

不过，我要补充一点，不要滥用它！

我们应该让它发挥恰到好处的作用。

首先，它肯定不是一种在赛马中竞赌押注的法宝，也不是在股票市场大把赚钱的系统。它更不是一颗水晶球。坦白地说，它的作用就是要我们培养正确的思维习惯，其实每本教科书上都写着这样的学习建议，即对待所有的问题，都要辩证地看待。或者，我们借用弗兰西斯·培根爵士的话来表述：

相信以前，怀疑一切。

愿意费心劳神，辩证思考的人，绝对可谓是凤毛麟角。实际上，大多数人甚至连独立思考问题的一个方面都不肯，别说正反两个方面了。因此，如果我们能够跻身于那些尚愿开动脑筋的少数人的行列，显然拥有极大的优势。

请相信，写这些并不是为了混稿费，无的放矢。大多数人都是从他们匆匆浏览过的文章，或者心不在焉的耳闻，这样的二手渠道获得信息、形成看法，这些都是大多数人平时真实的写照。

请允许我引用一位饱学之士与此有关的一段文字。艾伯特·杰伊·诺克（Albert Jay Nock）在他的《多余人的回忆录》（*Memoirs of a Superfluous Man*）[1]中，对于全民普及化教育提出了许多严厉的批评，尽管他把教育失败的责任更多地归咎于学生身上，而不是教育体系上。

诺克写道：

> 我们的教育体系完全建立在良好的初衷上，即全民初级教育可以让每一位公民更加聪明，然而，事与愿违，它所起的作用完全不是这么回事。我们公民的智力水平，依然停留在教育体系建立以前的水平上。教育体系的倡导者们不了解，也不可能了解，人类智力停止发展的平均年龄大约在12到13岁，因为这一点当时尚未有定论。

这里面其实有一点和"逆向思维理论"的关联之处，诺克还是认为我们的教育体系产生了一些结果，但是却是不好的效果，他的术语是"矫枉过正的结果"。

> 它不仅没有对提高大众的智力平均水平作出任何贡献，倒是相当成功地导致我们的公民更容易上当受骗。它具有一种强大的倾向，把人类头脑中，轻信盲从的成分强化到铅印的文字上，使得受教育者服从权威的天性或者盲目崇拜的心理更加巩固，从习惯于读报的人群中，我们就能完全看到这种习性已经发展到什么程度。

1　Harper & Brothers, 1943. 同时参见诺克的《敌国》（*Our Enemy the State*, 1935.）和《艾伯特·杰伊·诺克书信集》（*Letters from Albert Jay Nock*, 1949. The Caxon Printers, Ltd.）

因为学校教育我们相信从课本上读到的一切,接受老师告诉我们的一切,我们渐渐养成了"不假思索地接受"的习惯,那么,我们的智慧,则渐渐成了多余的东西。

正如诺克所说,这就使有智慧的人类(也许我们应该换个说法,"聪明家伙")成为"易于塑造的模型","不论怎样有害的谬论,只要经过权威的包装,就能灌输给他"。

如此看来,我们完全应该借助"逆向思维理论",避免群体性的"不假思索"的错误,再运用简明实用的常识来达成正确的决定。通过这样的办法,您就能"在博弈中取胜",这是您自己的胜利,而不是这个理论的。本理论仅仅是一种思维"途径",我们可以经由这条"途径"获得正确的结论。

19　短视的思考方式

当我们处在兵荒马乱、前途迷茫的年代，四处碰壁就会使我们悲观失望。比如说最近几年，大部分想法和计划往往出于应急性的需要。这种方式就像在第一次世界大战期间，飞行员靠挪动座位、改变坐姿来驾驶飞机一样。

国内和外交政策的制定，商务上的决策，越来越多地被暂时的突发事件所左右。人们越来越多关注偶然因素，而不是服从长期的规划。

下面这段不长的文字引自福里斯托尔（Forrestal）的《日记》（*Diaries*），其中就强调了这种偏重于短线思维的摇摆，而没有长远眼光的陋习。

1945 年 6 月 6 日

今日，我比往常任何时候都更深刻地感受到，随着现实情况的变化，国家大计往往是由于各种偶发事件的促发而形成，除非有人能够对这些事件具有坚定而清醒的思想认识。他必须非常坚定、非常清醒，才能选择制定长远政策，抵挡由偶发事件促成的短期政策的倾向。

"逆向思维理论"正好符合这位作者的主张,因为它明确地指引,在偶发事件或突发重大事件中,如何进行思考和规划。

在我看来,我们可以养成问自己为什么的思考习惯。当某些重要的预言发表后,问一问"这种说法也许很适合当前短期的情况,但是从长远的眼光来看,结果会怎样呢?"当然,我们也应该反过来问一问,这种说法很适合长期,对短期影响如何呢?

另外,我们既可以从时间框架上持有相反看法,也可以从事件的角度上持有相反看法。

也会有相对来说更复杂的情况,比如常常有一些观点牢牢地抓住了人们的头脑,但是我们不可能据之形成任何可靠的长期意见,因为未来总会出现不可预知的因素。

我想起了一个这样的事例。20世纪20年代末,人们都这样说:美国已经达到了"经济成熟"的阶段。每个人都说美国的经济已经成熟,供大于求的现象将永远持续下去,失业率将始终维持在较低水平。当时几乎听不到不同的声音。就在短短的两年前,通货膨胀肯定要发生的观点言之凿凿,大家也都认为将要有一段长期持续的经济繁荣,只要政府投入大量货币来防备,不可能发生经济衰退。然而,到了1953年,"人人"又在谈论不景气了。

逆向思维方法还能在另外一方面为我们提供帮助。我们都倾向于简单地以现在的情况来推断未来,如果你熟读历史,你会发现,这是一种代价巨大的错误习惯。人们往往倾向于假定,如果今天阳光明媚、天气和暖,那么明天也会风和日丽。这一点在1929年体现得最为明显,您不妨回忆一下,当我们处在股票市场的"永久价格平台"之上时,当时大家都以为这种局面会永远持续下去。所谓"新时代"的说法正是从这种错觉中萌生的。人们把今天简单地投射到明天,根本不考虑夜里可能发生什么意外。

20　把马车厢驾在马前头

站在与已故的詹姆斯·福里斯托尔（James Forrestal）相同的立场上，我认为，当今世界，"突发事件控制着人类的行为"，更进一步说，虽然我承认这有一点愤世嫉俗的味道，世界上发生的事件看来太重大了，以至于人类的心智尚不到能成功应付周全的程度。

如果上述结论是真实的，那么通过"逆向思维理论"，我们可以找到一条解决问题的途径。

在我看来，当我们身处危机之时，突发事件几乎总是控制着人类的行为，这一点，如果我们想找例子的话，可以说信手拈来。这里并不打算检讨最近几次危机，让我们来看看一位伟大的思想家，针对美国历史上一次严峻的危机所作的评论。在林肯总统于1864年4月4日写给霍奇（A.G.Hodges）的信中，林肯总统批评了后者对奴隶制的态度。在这封信结尾处，林肯写道：

> 我并不企图夸耀自己的贤明，我也不会大言不惭地说我已掌控了整个局面，相反，我要率直地告诉您，纷纷扰扰的事件控制了我。现在，在持续了3年的斗争即将结束之际，全国的形势既不是哪一个党派，也不是任何个人能预谋得来的或预期得了的。

现在，我们后人当然知道这个历史事件的全过程，我毫不怀疑地相信，人们普遍承认，虽然林肯总统没有控制一切事件的发生，但是他的确具有博大的智慧和坚韧的道德信念，从容地应对了各种出乎意料的事件和局势。

一方面，如果认为当今人类的智慧尚且无法应对各种事件，更不用说未来新事件还将层出不穷（这种想法显然只是我的个人意见）。另一方面，国家领导者们一如继往地竭尽所能来处理各种事件，或者按照他们的理解或愿望，以对他们自己最有利的方式来处理各种事件。

由于世界政治的格局引导着政治领袖们的思想方式，他们与事件角力的方法，往往随着特定的国家领导者所希望达到的目标的变化而变化。通常，某种解决方法也许对一个国家有利，却对另一个国家非常不利。

在这种错综复杂、钩心斗角的环境下，"逆向思维理论"有什么助益吗？

我只能这样说，我们不得不把马车厢驾在马前头。这句话的意思是，我们应该先考虑事件，然后考虑那些制定决策的领导者。我们可能认为他们在领导着我们，就像马拉着车厢一样。但是实际上，是事件把领导者们拖着走。由此可见，如果我们首先考虑具体的事件，尝试着用我们的小办法对事件进行分析，不要在乎或者考虑领导者们会作出什么样的反应，我们就能看到未曾被领导者的个性染上色彩的事实的本来面目。

事件的出现往往一个接着一个，令人惊愕不已。领导者到底采取什么样的态度，我们既无从了解也无从预期。我们曾忧心忡忡，不知道赫鲁晓夫或莫洛托夫下一步要干什么。实际上，我们同样也曾弄不清丘吉尔、李承晚、艾森豪威尔、法国领导人或意大利领导人要做什么或说什么。然而可以肯定，事件将会影响他们的行为。

21 普遍不平等法则

当制造社会假象的人通过宣传，诱使我们相信每个人都拥有完全的平等时，让我们这些唱反调的现实主义者牢记帕雷托的普遍不等式定律（Pareto's Law of Universal Inequality）。

维尔弗雷多·帕雷托（Vilfredo Pareto, 1848—1923）是一位杰出的工程师，出生于巴黎，身上带有意大利血统。他创立了"收入分布理论"，后来被世人誉为帕雷托定律，这个定律的图解形式则称为"帕雷托曲线"（the Pareto Curve）。

根据卡尔·斯奈德（Carl Snyder）的研究，如果我们用简单的语言来表述，那么帕雷托定律可以说成：享有很高收入的人为极少数，享有较高收入的人数则大为增加，然后随着收入的递减，享有相应收入的人数逐渐稳步增加，形成一条平滑的曲线。

如果我们采用对数坐标，画出各种水平的收入和相应收入水平的人数的关系曲线，这样的"曲线"将是一条直线（在曲线两端上存在微小的偏差）。

帕雷托定律意义何在？这个问题您可以先问问自己。

每个人都知道，穷人比富人多的多，那么他的这个结论有什么新颖之处吗？

这一定律的基本概念实在重要，它说明发达国家具有最庞大的富豪阶层，因而全部人都享有最高的生活水准。只要花上一小刻工夫，比较一下印度和美国的情况，想想其中的道理，我们马上就会注意到这一点。

此外，如果顶层群体的收入长期处于下降趋势中，就会导致由此往下，直到底部，所有阶层的收入都下降。也许换一个说法更清楚，高收入群体的收入缩水，将引起所有收入群体的生活水准的下降。（短期的较高的个人所得税可能在短期内引起收入下降，但不是长期的，我们不考虑这种情况）

因此，当那些改造社会的试验家们和您谈起拉平收入的问题时，您可以拿出帕雷托定律，向他证明一旦收入被拉平了，那么大家的收入都会降低，最后的平等也是在低水平上平等。不仅如此，随着时间的推移，生活水平将最终下降到和那些富豪人数相对极少的国家一样。

> 公共福利体系，是从人数越来越多的富裕阶层的餐桌上掉下来的面包屑里衍生出来的。如果抢走他们的餐桌，那只能是让所有人都到猪食槽一样的地方吃饭。

现在，我们还回到卡尔·斯奈德的话题上。他曾经在美国联邦储备银行纽约分行担任经济统计师多年，是一位杰出的经济类作者和思想者。他对经济学的贡献值得引起注意。他最重要的著作是《资本主义：创造者》(*Capitalism the Creator*)[1]，这是一本思想深刻，但文字轻松活泼的书。对于那些学习各种新主义的学生来说，这本书应当放在床头，时常提醒自己。斯奈德关于帕雷托的一章阐述得浅显透彻，讲解了帕雷托发现的核心内容。

1　New York: The Macmillan Company, 1940.

22　宣传

只要国际紧张局势持续下去,我们就会被越来越多的"宣传性"新闻所包围。为了防止窒息,我们应当求助于"逆向思维理论"。

让我们对各种"宣传"手段进行逐一考察。我个人认为,我们和苏联的宣传是针锋相对的。

如果我们打算对双方运用的宣传手法进行一番比较,首先就得搞清楚,苏联想达到什么目的,西方阵营又想达到什么目的。

1. 首先,我们来考虑苏联。

◇苏联为了控制其民众,需要一场危机,因为危机可以转移民众的视线。
◇如果没有持续的紧张局势,那么我们可以合理地推论,苏联经济将会崩溃。

2. 再看看西方阵营。

◇我们希望解除这种紧张态势,以免擦枪走火。
◇西方国家固执地认为将来很可能爆发大规模战争。
◇如果冷战持续得过久,西方国家有崩溃的危险。英国、法国以及其他国家脖子上的绞索差不多已经收紧到尽头了,必须在其脚下垫加支撑。

现在您肯定可以明白，为什么苏联采用的宣传方式和西方国家采用的宣传手法如此不同。

克莱德·R. 米勒（Clyde R. Miller）在他的著作《说服的方法》（*The Process of Persuasion*）[1]中，列出了"四种简单策略"，可以用来说服他人接受或拒绝某种观点或信念：

◇ 接收策略或"道德"策略：设计意图是，通过和"好"的词语、标签联系在一起，诱导他人接受。
◇ 拒绝策略或"毒药"策略：通过和"坏"的词语、标签联系在一起，诱导他人拒斥。
◇ 鉴定策略：通过"好"或"坏"的鉴定，达到令人接受或拒绝的目的。
◇ "人多势众"策略：将上述一种或全部手段用来施压，或者调动大众情绪和行为，诱使他人接受或拒绝。

---

[1] New York: Crown Publishers, 1946. 无论如何，都要研究一下这本书。

23 "逆向思维理论"的再思考

过完圣诞节,人们都要在厨房里挂起一幅新年历,憧憬着新年的好运道。新开端对麻木的头脑倒是多有益处。

我们大家都完全清楚,关于逆向思维方法,还有很多内容有待学习。

可能您已经注意到,我们曾经引用了一些其他作者关于"逆向思维理论"的文字。这里,再重复一下我对"逆向思维理论"的见解,也许没有什么不妥。

逆向思维方法的优势,就在于它是一种客观、务实的研究方法。逆向思维方法使得我们能够避免陷入偏见或先入为主的成见中;避免沉溺于主观愿望或一厢情愿式的思维方式下;避免草率仓促地下结论;避免被大众情绪左右。

或许,我们也应该提及逆向思维的一个主要缺陷:

在经济领域,人们习惯一再地支持先前发表过的论述,很少有人进行反驳或辩论,这种现象,在其他任何领域里都没有这样普遍。

在应用"逆向思维理论"的过程中,最大的错误,也可以说诱惑,就是为了支持自己的意见,才选择相反的观点。

如果某人对经济趋势早已心存预定的想法，那么他很可能仅仅出于验证、强化的目的，才通过逆向思维寻找依据。除非他具有人所难及的自制力，否则他之所以将注意力转移到这些相反的观点上，是因为可以随心所欲地歪曲这些观点，让自己原先的结论多一重踏实感。

我们应该采取适当措施，避免错上加错地巩固个人成见。举例来说，如果某人已经径直作出预测，就不再可能客观地评估各种意见和大众情绪了。他一定总是想为自己的建议和预测辩护，这是人的天性。

我认为这样一个心理学事实是成立的，一个人不可能既已经有自己的判断，同时还能站在客观超然的立场上。您不能既属于个人，同时又不属于个人。当某人就自己的判断提出建议后，他的心思自然集中到"期盼"上，但愿自己的建议被事实所证明，而没办法维持客观、务实的立场，后者本来有可能对先前的看法发生影响。

我相信，在长篇累牍的种种预测和研究资料之外，仍有作出其他评论的余地，我们不妨讨论一下其他人预测、建议以及"固执己见"的内容。这样，您就能够作出自己的决定。从最终的结果来看，每个人都是他自己最优秀的顾问，同时他也必须承担自己的决定所带来的责任。

24 为什么经济学家的预测经常错误

也许您已经开始觉得我总爱对别人的预测吹毛求疵。

我向您保证,当我提出一些自己的议论,而这些议论同经济学家、金融评论家一致的看法背道而驰的时候,我并不是想表现得像一个爱挑剔的人。他们是一群尽责的专业人士,我对他们怀有最高的敬意。我仔细阅读他们的评论和分析。我敢说,当我阅读他们的观点时,我的注意力集中程度,是我干任何事中最高的,因为当"一名逆向思维者"要求我这么做。

> 无论如何,这里引出了关于经济学预测的一个有趣的现象:经济预测者的影响往往会导致他们的预测走向错误。

在过去 20 年中,职业经济学家和分析师的领域得到了极大的拓展。如今,很多公司都设立了经济学部门,而仅仅在几年之前,这几乎还是闻所未闻的事。对旧时代的实业家和商人们来说,经济学家毫无用处,他们把经济学家称为"长头发的理论家"。这些豪放不羁的商业人士认为,没有人能够告诉他们任何关于他们生意的东西,或任何关于他们未来的东西。他们宁愿自己创造自己的未来,他们之中许多人也的确做到了!

商业巨头和政府官员对经济学家态度的转变，经济咨询机构的日益增多，杂志和"通信"上长篇大论的内部消息和统计数字，无不标志了一场大转变。这一转变的结果是，在某个指定的时间您不难发现，同时有几百种预测以文字或者广播、电视的方式出现。

看起来很奇怪，每次这些预测和分析听起来好像都大同小异，以至于您可能会纳闷，是不是这些先生们事先聚集在一起，各人拿出自己的主张，经过相互迁就、妥协，最终达成一致的主张？当这些所谓的专家意见都一致的时候，他们的观念将对商业界和一般大众的思想产生重大的影响。当一位商业人士从报纸或杂志上看到，80或200位经济学家异口同声地讲述着可能出现什么情况，必定给他留下深刻的印象。

并不是说他们大多数人的分析过程就是错误的，而是因为他们的影响力太大，太多人相信并应用了他们的预测，使得这个预测实现前就被打破了。如果您相信他们说的通货膨胀即将加剧的判断，那么您在管理库存和银行贷款时所采取的策略，和您被引导到预期经济衰退时所采取的策略，肯定是大不相同的。

众口一词的预测，导致不约而同的行为，常常把钟摆在极端位置推得更远，结果推翻了原先预计的变化"时机"和变化力度。正如超载往往使机器出毛病一样，经济上的超载也将导致经济体系的失灵。因此，经济学家很可能眼睁睁地看着他们公开发表的预言走向错误，但是如果他们不公开自己的预测，也许最终的结果将证明它们具有不凡的准确性，但是那样的话，闷葫芦经济学家，谁又知道你的本事呢？

25 "什么地方是对的"比"什么地方错了"更重要

在我们讨论经济政治问题时，所有人马上都会问"什么地方错了？"您注意到这种倾向了吗？

如果您仔细一想，就会发现很多这样的例子：

比如我们正在争论当前的商业状况，肯定有人会问："现在商业到底出了什么问题？"

或者在谈论股票市场时，经纪商们每天都念叨"市场怎么了？"我估计您从来没有听人问过"市场哪儿是对头的？"

正是因为大家的想法这么一致，所以我敢断言，如果您考虑经济走势时，问一问什么地方对头了，就会获得一个全新的视野，与大众完全不同的视野。您的思路将拓展到不同的方向。什么时候尝试一下吧，甚至可以说，养成这个习惯吧。这绝对是一个值得大力推荐的逆向思维习惯。

对社会、经济问题，总是研究其错误的、不好的反面，已经成为一种固定模式。用心理学家和医生的话来说，人们已经形成了一种"身心抑郁症"，或者说找毛病的习惯。在政治或者经济方面，无论提出什么问题，也许是关于内政的，也许是关于外交的，您几乎总能马上听到诸如"这样行不通"、"那样不能成"之类的大合唱。说到这里，我想起了汽车时代之前的日子，当时亨利·福特以及其他那些发明不用马拉的车辆的人备受嘲笑。

这个话题让我想到了关于正面思考方法的一则有趣的故事，这个故事我是在《看好您的保证金》（Watch Your Margin）一书中看到的。有一天，一位精明的投资者试驾一辆早期的二缸汽车，在"刺激"的时速15英里的疾驶后，他追问，这个新奇玩意儿是靠什么驱动的？对方告诉他，它使用汽油，于是他马上买下了一大捆洛克菲勒先生（Rockefeller）的认股权证。他知道标准石油公司（Standard Oil）的产品已经有了销路，可以经营下去，他还预测，最早上市的汽车中，将有一大批可能坏在路边。关于这些喝汽油的甲壳虫，他问自己什么地方对头，而不是担心什么地方不对劲。就这样，他就成了未来的大赢家。

依我之见，如果我们希望开心、愉快地度过下一个10年，既不过度压抑，也不过度乐观，轻松享受到生活中的种种满足，我们应该宽容冷静地看待我们遇到的磨难，同时庆幸我们的幸运。

如果我们对问题开始探问"什么地方是对的？"我们就会发现，我们的思维方法已经实实在在地发生了改变。我们想到当今严苛的税率，当然不可能得到任何乐趣，但是就在不太久之前，你我都曾经相信，再怎么叫人吃不消的税率，也比失去控制的通货膨胀强得多。我同意税率有时可能过重（从经济学观点来看，现在就是太高了），但是如果我们把注意力集中到什么是正确的部分，也许我们就能够解决这一问题了，最起码，从我们的内心解决了这个让人不开心的问题。

26 大众心理学和总统竞选

如果有兴趣，各位不妨用 1952 年共和党总统候选人竞选提名的过程，写一本大众心理学的书。这本书可以加入如何在竞选过程中引导众人或误导众人的所有实用方法。

一名竞选人挥舞大锤吸引和维持大家的注意力，另一名竞选人通过暗示、想象、感染等手段挑逗群体的情绪。各不相让，争夺地盘。

学习过大众心理学的人都知道，选民从来不把注意力放在候选人的竞选纲领内容上。他们在乎的是"他感觉到的东西"。暗示和感染能够在他头脑中描绘出一幅生动的图画。

神秘性是一件无所不能的工具。竞选顾问给予政治家们这样的忠告：

什么事都不必告诉他们，但什么事都许诺给他们。最重要的是，绝不要和选民们讲什么道理，尽管大胆地断言，记住，绝不要解释。一遍又一遍重复你将为他们做什么，但是永远，绝不摆道理。

上述各项方针，极大地迎合了大众心理，帮助艾森豪威尔将军在

1952年初取得了突破。他本人远在巴黎，看似不利，但这样恰恰可以刚好地把他树立为伟大的偶像。远离粗鄙、险象环生的竞选现场，反而使他保持了魅力和吸引力。他在国内的支持者们不停地鼓噪"领导能力"、"声望"、"只有他可以"这样的主旋律，对大众情绪千方摆弄。他们完全不讲任何道理，不与对方针锋相对，只是一个劲儿地拨动人们的心弦。这种战略，让塔夫脱参议员陷入非常不利的境地，在争夺人心方面，可以说，已经溃败。

那句愚蠢的标语"我喜欢艾克"，显示出这场宣传战已经降低到小学生的水平。"我喜欢艾克，这就够了，你还想要什么？"这种手法简单粗暴，无懈可击，并且具有高度的感染力。

而竞选阵营的另一方，仅仅为了维持自己的曝光度，塔夫脱（Taft）就不得不持续奋战，一刻也不松懈。再加之缺少新闻界的帮助，因为新闻界大多站在将军那一边，塔夫脱不得不赤膊上阵，争取支持者。竞选对手宣称，"塔夫脱不可能赢"，这是一个泰山压顶般的口号，就让他疲于招架，且即使招架得住，也已完全丧失赢的可能。还有什么东西比这更难对付的呢？多么狡诈而精明的一击！

这就是当艾森豪威尔回国时的竞争局势。如果艾森豪威尔一开始就获得了提名，他能不能支撑到大选都还是一个未知数，因为那时他就需要在竞技场上亮相了，公众也将立刻了解到，他并不像偶像那样完美无缺。众人的立场将分化，游戏只会对他的观点感到失望。在我写这篇文章时，事情仍在进行过程中。如果将军遵循大众心理学的指引——少说话多许诺，并不断重复许诺——他最终可能击败史蒂文森（Stevenson），赢得大选。但是如果艾森豪威尔开始争辩，摆道理说事实，则精明的民主党人将把他狠狠地教训一顿。他们从不解释任何事，但是敢于允诺任何事（我这里所说的是新政时代的民主党）。

这就是赢得大多数的秘诀。

27 经济心理学

我发表这么多逆向思维的解释，是为了让大众更好地理解它，也将它利用在更多的领域，在我看来，经济心理学应该是它最该被利用，但尚未被利用的地方。一个浅显的例子，迄今我们还没有"经济心理学家（Economic Psychologist）"这样的头衔。虽然也有几位作者，专注于人类行为学及其对经济趋势影响的研究，不过他们把自己称为社会学家、经济学家或心理学家。

近年来，这方面的研究和论文越来越多，美国联邦储备委员会进行的关于消费者购买意向和态度的调查活动来看，显然，经济心理学逐渐火热，开始吸引各方面人士的目光了。

在《经济行为的心理学分析》（*Psychological Analysis of Economic Bebauior*）[1]中，乔治·卡托纳教授（George Katona）肯定地说：

在研究经济发展问题时，如果不考虑人们对它的理解，不考虑人们对它所做的反应，判断一定是错误或者残缺的，肯定不足以全面了解经济的周期性波动。

当然，这一点也正是贯穿我这本书的主题。对我们来说，知道当

---

1 McGraw-Hill Book Company, Inc., 1911.

前经济状况的一些统计数据,甚至也了解了将来可能出现的数据,这是不够的,我们还需要其他更重要的东西:

◇ 要了解消费者和商业界对上述统计报告和未来展望的看法,以及他们的应对行为。
◇ 然后,我们还要逆向思维上述广为接受的观点。

在我们研究经济心理学这门新"科学"的时候,有一个重要事实我们必须牢记:此一时可以对人们发挥作用的因素,彼一时可能几乎不起作用。或者我们换一种说法,人们会记住最近发生的相似情形,但是往往忘记更早的时候,在同样条件下其实是出现过不同结局的。因为在1920到1921年的战后期间,曾经发生了经济萧条,所以当第二次世界大战结束后,人们认为马上就会有严重的经济衰退。然而,如果我们仔细地回顾一下,就会注意到,1919年,第一次世界大战后的萧条之前,已经经历了很长一段时间的高速发展和物价上涨,只是后来我们把这一段现实全然抛诸脑后了。而且1919年的通货膨胀和经济繁荣,本身也完全出乎人们的意料。到了1945至1946年,人们原本预计马上就要发生经济萧条的,结果,来的又是经济繁荣。

今天,又有人开始向我们兜售旧时代流传下来的经济学秘方了。有人告诉我们,永远都不会再来一次经济大萧条了,这话我们已经听过好多次了,每次说这话的人都被狠狠地抽了耳光。某些观察家宣称我们绝不会再次重蹈1930到1933年的覆辙。我们在其他时候也曾经听到过类似的宣称,不过当时所指的是其他事例,比如有人说绝不会再出现另一个"1873年"恐慌,或者"1893年"的恐慌绝不会、永不会重演等等。这些人,这类说法,请大家不要相信,他们根本就是弱智。

如此看来,既然我们不可能预言未来,那么我们就能够充满信心地说,随着对经济趋势和经济周期,以及驱动和阻碍它的原因的研究越来越深入,经济心理学将成为一门必不可少的学科。

28 大选回顾

1952年，美国总统大选的新闻战如火如荼，我当时寻思着，如果我们回顾一下历史上另一场白热化的竞选，对比一下，一定很有趣味。

那是在1884年，选战的双方分别是布莱恩（Blaine）和克利夫兰（Cleveland）。毫无疑问，经济形势对每次大选都有着巨大的影响。另外，当时人们广泛流传着对共和党的"罪孽"的厌恶。腐败这个标签，牢牢地钉在该党身上，就连布莱恩本人，也没有逃脱人们的严厉责难。

在那个年头，专门报道金融消息的新闻媒体是不报道政治新闻的。这是一件令人惊奇的事情，我翻阅了1884年的52期《金融和商业编年史》（*Financial and Commercial Chronicle*），没有找到任何提到这场大选的地方，直到当年入秋以后，这时它的评论打赌说，布莱恩获胜的机会是5∶4。后来就在大选前夕，该报又断言，取胜的天平转向了克利夫兰，也是5∶4的胜算。结果克里夫兰棋高一着，以微弱优势赢得大选。

1884年，股市暴跌，商业日渐萧条，很多企业破产。格兰特和沃德经纪公司（Grant & Ward）的破产就是一个臭名昭著的例子，一位前总统、联邦军队的英雄也受到牵连，虽然后来证明他是无辜的。由于这件事，格兰特将军撰写了著名的《个人回忆录》（*Personal Memoirs*），以稿费来支付由沃德欺诈行为中产生的巨额债务。

1884年从春季、夏季到秋季，悲观失望的情绪大肆蔓延。不过这一点，也给克利夫兰的竞选提供了一份助力。不过，回过头来，我们就能看出，正是那场经济萧条铸就了股市的底部，或者说漫长牛市的起点。随后，股票市场开始了一轮持久的攀升。最初人们"感到怀疑"，而所有复苏过程的初期都要被怀疑。这轮行情中间虽然也有回调过程，但是它一直持续到1893年，然后新的大萧条开始了。工业生产和贸易活动也从不景气中恢复过来，商业好年景一直持续到1893年。以上交代了当时那场政治对抗赛的背景，当时众人的情绪也颇不平静。

将"逆向思维理论"应用于选举，我的一点小看法是：当您想到1948年的选举情况时，也许会过早地得出结论，以为在大选年采取逆向思维方式是一个漂亮的主意。在绝大多数大选的较量中。要么双方势均力敌，人们的意见尚看不出明显的偏向；要么完全是一边倒的，这时大众的意见就是正确。例如，如果我们在1928年对胡佛（Hoover）胜出的机会采取"相反的"立场，或者在1936年对罗斯福取胜的可能性采取"相反的"选择，那就愚不可及了。

我认为，1948年的大选是一个孤立的案例。当时民意测验让人大跌眼镜，一败涂地，我们不应把这一次选举看成"常态"政党选举格局。

29 回归金本位

近几年来，美元每况愈下，日益贬值。人们对能够对抗通货膨胀的东西的兴趣日益增长。因此，如果我们回顾一下美元脱钩黄金，以及1879年重返金本位的历史，我们会得到新的观点和思考。

1862年2月，第一批纸币"美钞"发行流通。我们抛弃了金本位，以"支付战争的费用"，并在此后的17年中一直没有回到金本位制。（那是第一次脱离金本位，现在，美元已经是第二次脱离金本位，而且已经过了20年，还没有回归金本位的意思）美元币值剧烈波动，按黄金价格计算，曾经一度下跌到33美分。直到1878年12月17日，美元才反弹到与黄金挂钩时的价格，此时，正是"恢复"金本位制的政令即将生效的两个星期之前。

随着正式恢复金本位的日子，1879年1月2日的临近，人们开始担心起来。许多人预计将会发生黄金"挤兑"，所以人们纷纷提前把美元纸币兑换成黄金，美元纸币在银行柜台里堆积如山。

所有这些担心都被证明是杞人忧天。而且，和许多人或许多团体预料的正相反，政府在恢复金本位制的第一天，居然实际上净收入了黄金。当老百姓发现他们随时可以换得黄金之后，他们又不再想要它了。

下面这则报道引自1879年1月3日的《纽约论坛报》(*New York Tribune*)，它能让我们回到那个时代：

恢复使用黄金支付的法案昨天正式实施了。看来美国政府的有关部门是卸不下来黄金这个包袱了，它的黄金进账比出账多了261万美元。举国上下以隆重的礼仪来欢庆此刻，从政府机关到金融大楼，纷纷张挂国旗。

1879年1月4日，星期六，《商业和金融编年史》（Commercial and Financial Chronicle）发表评论，说这个国家已经"平静地过渡到一个崭新的商业局面"：

> 我们终于迎来了战时金融状况的终结。在这个时刻，再说发行这些纸币是不必要的，国家也许用不着付出如此惨重的代价就可以把这场战争打下来，这样的话是没有意义的。我们现在只对一点感兴趣：我们首经发行过纸币，我们经受了纸币贬值的各种阶段，整整17年持续不断的币位波动，经过所有这一切之后，今天我们重新将币位安全地停泊在一个固定的标准上，使之在所有方面都受到普遍价位法则的约束……

接下来的烦恼是，黄金可能持续地流向欧洲，最终，黄金储备会不会消耗到无法维持自由兑换的地步。1879年上半年，股市复苏，于是很多外国持有人抛出美国证券，开始套现，然后将美元兑换为黄金后流出美国。

无论如何，一个偶然的机遇挽救了美国。当时美国的谷物收成达到了历史上的最高纪录，而英国、法国、奥地利、德国以及苏联的谷物收成则是几年中最差的。我们出口巨额谷物，把欧洲从饥荒中挽救出来，与此同时，也使得黄金的流向掉头，流回美国。多亏了这个天时，才确保了恢复金本位制的成功。

随着物价的上升和人们信心的恢复，商业活动也开始复苏，并最终持续发展成一轮蓬勃的经济繁荣。如此看来，从 1873 到 1878 年的长期萧条中复苏，着实得益于"黄金"的扶助。

30　历史上的反转事件

学习逆向思维方法，回顾历史大有裨益。

一个好笑的例子，在下面这段话中，只要略微换上一两个字眼（我们已经写在括号里了），读起来就好像是从刚刚出版的商业杂志上摘录出来的一样：

> 乐观主义主宰了市场。这是一个属于乐观主义者的季节，正如2月是属于悲观主义的季节一样。眼下市场确实拥有许多有利的因素，不管是不是因为季节，反正乐观主义占据着统治地位。除了庞大的战争（国防）订单之外，利率也低廉，银行系统稳固可靠，所有货物和商品都存在巨大的需求……

在大选的年份中，没有哪一年比现在更有利于证券市场。各企业多少都能获得一些利益，而且还不用付出什么代价。人们现在都支持大企业的扩张，这在一定程度上也帮助了它们。与此同时，即使税收方面有什么调整的话（为了国防计划和援外计划），至少在今后几年之内，它们不会造成什么严重的危害。

以上文字摘录自约翰·穆迪（John Moody）的《金融市场评论》（*Review of the Financial Markets*），发表在1916年11月的《穆迪氏杂志》上。

从相反的立场来看，如果我们注意到在1916年11月，股票市场已经出乎观察家们的意料，形成了一个"战时"的高点。利润、收益以及商业景气都处于不同寻常的峰值水平。对于那个时代来说，盟军发出的订单已经达到了惊人的数量。那真是一个美妙的时代，亿万美元从我们这里借出，然后又作为军火和战场设备的费用，再次流回我们这里。

就在当年夏天，我们经历了一场相当平淡的政治竞选。对手分别是威尔逊（Wilson）和贾奇·休斯（Judge Hughes），双方旗鼓相当。年纪较长的读者也许还记得，在大选投票后第二天早晨，人们认为休斯是赢家，但后来加利福尼亚的结果推翻了这一猜测，威尔逊再次当选。

虽然面临着战争带来的巨大商业机会和超额利润，但是股票市场竟然持续、顽固地被熊掌死死地按在地上，达13个月之久。美国于1917年4月参战，但这也并未对趋势产生什么影响，反而增添了下跌的动力，特别是在当年下半年。

1916年里，人们一厢情愿地相信德国人将很快被打败，不时可以听到此起彼伏的和平序曲。在市场已经经历了明显的下跌过程之后，人们把股市下跌归咎于停战的预期。市场从1917年12月开始向上反弹，这一上升过程一直持续到停战日（1918年11月11日）。此后市场向下回挫了大约10%，然后又开始起飞，最终造就了11年的牛市行情和热火朝天的物价飞涨，而这正是"所有人"都确信马上将要发生战后萧条的时候。

31　潮起潮落

逆向思维者一定会深切地关注所谓的"社会潮流"、"大众意见的"、"浪潮"以及大众歇斯底里症。人类的狂热本性引发了人群情绪的潮起潮落,并始终推动着它们的发展演化。

阅读过我这本书中前面的文章,您对大众狂热的往事已经很熟悉了。我可以再加几本书进入您的阅读清单,可以让您对大众狂热和"社会潮流"中折射出来的大众心理学进行更深刻的了解和学习。这些书不全是公开出版物,但是其中有几本应当能从图书馆里查到:

◇《惊人幻觉与大众疯狂》,查尔斯·麦基著。
◇《乌合之众》,古斯塔夫·勒庞著。
◇《战争与和平时期的群体本能》,威尔弗雷德·特罗特著。
◇《效仿法则》,加布里埃尔·塔德著。
◇《经济行为的心理学分析》,乔治·卡托纳教授著。
◇《为了永恒和平的永恒战争》(*perpetual war for perpetual peace*),哈里·埃尔默·巴恩斯博士(Harry Elmer Barnes)编著,这是他与其他7位杰出的作者共同的文集。本书尤其值得向逆向思维者推荐,它通过海量的证据、完备的文件目录,鲜活地刻画了现代宣传手段的强大力量。

当然，还有其他书籍值得推荐。上述列出的前4本书已经包括了关于大众狂热和大众心理学的基本知识。卡托纳（曾为联邦储备委员会掌管消费者调查活动）的著作，则从消费者的立场出发，分析了人类的经济行为。

　　毫无疑问，对于像我们自己这样具有逆向思维头脑的人来说，有"责任"在"社会潮流"这样的问题上刨根究底。目前"国际主义"的社会风潮席卷了我们这个国度，深刻影响了大众的思想。比起仅仅获得问题的正确答案来，我们这些少数派思想者，更应当对这一问题本身给予更多的重视和研究。如果我们判断其他人正在被这"浪潮"卷走，则应当采取一些行动，阻止他们。

32　学无止境

随着我们对"逆向思维理论"的研究日益深入，我们发现，在如何应用该理论的问题上，还有很多内容有待探索。

何时采取相反的立场？
多么强烈的普遍意见才足以用来作为逆向思维的基准？
如何判断大众的意见？

这样的问题始终摆在我们面前，上述只是其中的一小部分。不过依我看，我们也不必气馁，因为已经发展了几百年的经济学，在所有领域都还停留在"猜猜看"的地步呢！这些年来，提高经济预测的准确性方面几乎没有任何进展。而且，这还是在现在我们已经拥有了大量的，以前所没有的统计学研究成果的情况下，但是上述窘境依然没有改观。

我觉得，经济预测的漫长历史已经清楚地向我们昭示，我们一定漏掉了最主要的地方，不然不可能永远做不对，我觉得，这一关键要素就是"心理学"。也许您能够搜集全世界的统计数字，但是您仍然无从得知人们将在何时、以怎样的方式进行反应。如此这么说起来的话，统计数字其实是将您引入歧途，可许多年前，约翰·斯图尔特·米尔（John Stuart Mill）曾经说道："危机其实不关钱包的事，而是头脑的事。"在过去有关经济的著作或文章中,您只能偶尔看到某位作者对此有一定的认识。比如"形势的演变归因于人们变化不定的精神状态"。正如西奥多·伯顿参议员在他1902年出版的巨著《金融危机和工商业萧条的周期》中写到,"形势的演变归因于人们变化不定的精神状态",我在前文中也曾经引用过。[1]

说到伯顿的著作,我们不妨再从中摘录几个事例。这些事例说明了"相反的意见"在何时使用是恰当的。

第一例发生于1825年7月,国王在为英国国会新一轮会期揭幕作贺词,由钱塞勒爵士(Lord Chancellor)宣读,"普遍的、持续增长的繁荣,正继续向本王国的每一寸土地扩展。"当年12月,金融危机爆发,就在上述贺词5个月之后。

1873年3月15日,伦敦的《经济学家》周刊(Economist)对遍及整个欧洲的经济发展发表了一篇热情洋溢的评论,并预言了光明的前景。然后不到两个月,1873年5月9日,维也纳证券交易所(Vienna)关闭,"爆发了一场极为严重的危机,随后欧洲经济陷入了罕见的长期萧条中"。(当年更晚些时候,美国1873年大危机和大萧条也开始了)

1892年12月31日,在邓恩公司(R. G. Dun)出版的《每周贸易评论》(Weekly Review of Trade)中写道:"今天,我们迎来了有史以来商业最兴旺发达的一年,各方面的征兆都告诉我们,万事大吉!"1893年5月,即5个月之后,长期萧条开始了,给人们留下了长期难以磨灭的痛苦回忆。

还可以继续列举类似的事例,但这已经没有必要了。

请允许我们以伯顿的一段话来结束,这段话值得我们牢记:

---

[1] New York: D. Appleton and Company, Copyright 1902.

危机和萧条在不同国家几乎是同时爆发的：这些国家都拥有各种主流的银行体系，实行君主政体或者共和政体，奉行自由贸易的政策或者关税壁垒的政策，有的国家仅仅发行和流通金属货币，有的国家则发行和流通不能与黄金自由兑换的纸币，它们采取各种类别的经济规则，但是它们就像同一个国家的不同地区，前前后后地发生了同样的危机。

的确，我们还需要学习许多东西。

33　对变幻不定之事进行预测

"逆向思维理论"还有一个重要用途：防止我们对变幻莫测的东西进行预测。经过许多年来对"逆向思维理论"的潜心研究，并且把自己的所思所想归纳起来，我认为，该理论最宝贵的价值，在于帮助我们在预测中避免犯错误，而不是运用它来进行预测。这才是正确的态度。

这里有一篇非常有价值的文章，它刊登在大约一年前的《自由人》（*The Freeman*）上。作者是艾伯特·哈恩博士（L. Albert Hahn），一位名扬美国和欧洲的经济学家。这篇文章的标题是"对变幻不定之事进行预测"（*Predicting the Unpredictable*）。

哈恩博士首先回顾了近年来"错误"的预测，例如预测战后萧条和通货紧缩结果来的是经济繁荣，以及后来预测通货膨胀将持续结果立马经济危机降临等等。然后他评论道：

> 这些错误一直出现，表明这已不再是概率的问题。我觉得，这类事件本来就是"只要预测，必然错误"。

后来他还写道：

> 也许我们都没有意识到，认为对商业而言，一定存在"科学的"预测手段，这种想法本身就是有问题的。我们这

个时代对预测的狂热追求,其实也不过是一种幼稚的行为。1930年以前,严肃的经济学家从来没有如此大胆,或者说如此幼稚地,自命有能耐计算出未来将要发生的是繁荣还是萧条。因为这种行为不符合他们关于自由经济运作过程的一般观念。在经济学里,未来经济情况基本上取决于变幻莫测的价格和成本关系,也取决于同样不可预测的企业家们的心理。因此,在他们看来,对未来商业情况的预测纯粹就是跳大神。

根据哈恩博士的看法,这个时代,人们对预测的热衷(允许我插一句,我要说正是这一点确保了"逆向思维理论"的用武之地),起源于"凯恩斯经济学(Keynesian economics)"。

哈恩指出,凯恩斯经济学存在一个本质上的错误,该理论认为经济学数据和社会成员的决策之间存在的因果关系是机械式的。但是人就是人,不是自动化的机器。预测经济前景,实际上就是预测人们在投资和消费中的决策,而它们和人类的未来一样不确定。

> 经济危机的原因,按商业界的说法,就是企业家的情绪。有时他们过于乐观,有时他们又过于悲观。于是,他们要么把投资的摊子铺得太大,扩张得太迅速,要么投资过少、投入太迟缓。

最后,请允许我在这位头脑清晰的经济学家所发的辛辣评论后再补充一两句:

> 人为预测的萧条是不会发生的,人为预测的通胀也不会发生。就在最近这轮通货紧缩之前,通货膨胀的预期无比嚣张。理论家们大言不惭地宣布我们的时代是一个永久通货膨胀时代,价格立刻衰退,露出獠牙……

34 "大众烦恼症"帮了艾森豪威尔

（本文写于1952年10月，它解释了"逆向思维理论"在竞选中的应用，所以将它收录进来）

离大选投票日只有几天的时间了，这个时候，使用"逆向思维理论"来预测谁会获胜，已经没有多大用处了。但是在这整个过程中，"逆向思维理论"还是比较有用的。

我们的例子是1948年的大选，因为只有在1948年，与大众相反的意见才是最有把握猜中结果的。不过我认为，4年前的这段经历，只是"民意调查者意外受挫"的特例，因此不能把它当作惯常现象。

您会发现，美国大选可以归结为两大类型：

◇ 一边倒式的比赛，比赛结果事先已经注定，这个时候一定要和大众意见背道而驰，这种逆向思维就注定错了。
◇ 旗鼓相当的较量，预测结果就像投硬币一样。直到最后一刻才能见分晓。在这样的情况下，根本不存在普遍的观点，更无从谈起使用"逆向思维理论"了。

举例来说，如果某人举出1948年的例子，证明应该在大选中采取与大众意见相反的立场,那么您就应该立即拿出 1928 年的反例,当年胡佛当选就是大众意见的立场,证明采取"逆向思维理论"可没那么靠得住。

回到现在这场白热化、唇枪舌剑的竞选,如果我们在 11 月 5 日结果揭晓前,心中存有两三种假定倒是挺有意思的,但是这不能算作对大选结果的预测。

今年秋天出现了一种盛况空前的情况,可以称之为"新情况"。至少人们认为它是新的,因为在过去的大选过程中,都没有"民意调查"之说,我们也只好认为这种情况是新的了。

我所说的新情况,指的是根据民意调查的结果,很大比例的投票人"尚未拿定主意"。这个比例达到了总票数的 1/4 到 1/3。

根据这个调查结果,那么投完票的格局大致是这样:1/3 投向斯蒂文森,1/3 投向艾森豪威尔,还有 1/3 "尚未作出决定"。虽然这样的划分无疑有点粗略,但是每一部分投票人数的分布偏差也许只有几个百分点。

我们也可以想到,其实还有一大批投票人正在两边摇摆,一会儿这边,一会儿那边。

根据大众心理学的研究,我们了解到,大众风潮常常起势于不可思议的时刻。为什么一大群人如同羊群般集体行事,这是人性中众多不可解之谜之一。

但是有个结论是很容易得出,也无疑的,大众风潮是由情绪促发的,不是理性思考造成的。"众人"受他们的心(指情绪),而不是受到他们的头脑的影响。

以上分析或许可以得出这样一种似乎说得通的推测,"没有拿定主意的群众"最终会转向同一个方向。我的意思并不是说每个人都会看到他邻居投给谁,他也投给谁。有些人会冷静地分析来取舍。但是绝大多数人也许在 1952 年 11 月 4 日最终轻率地选择同一个结果。

如果将来这样的情绪化风潮果然应验了,那么这两位竞选人中的一位，获胜会是压倒性的。于是，在势均力敌的竞选中，原先的"大众意见"就这样变成了错误的预期。

我一直认为，在这场竞选中，民主党人在吸引大众情绪方面占据了全面优势。但是艾森豪威尔将军则无疑拥有一个杀手锏，可以直捣黄龙（选民的心）：朝鲜。

我想艾森豪威尔在底特律的演说中"我应当到朝鲜前线去"已经透露出这样的意图。这场关于朝鲜问题的演说，产生了电击一般的冲击力，如果本周他继续跟进，保持大众对这个话题的热情，则可能激发那些主意未决的群众全部转向他（不过我还是觉得他在底特律的讲话中，有一个明显的遗漏，他应该提起麦克阿瑟将军（MacArthur）。

当某人说起"一边倒"的时候，可能指的是大众选民投票一边倒，也可能指"选举人团（Electoral College）"[1]在投票过程中一边倒。也许大众投票结果，双方的差距不超过数百万，但投票团的结果最终却是一边倒的。这就是中间选民的集体动向可能带来出人意料结果的原因。

只要手段高明，玩弄得当，群众风潮既可能卷向史蒂文森一边，也可能吹向艾森豪威尔一边。我个人觉得，最终它将对艾森豪威尔有利。如果选举结果果真出人意料的话，那将是艾森豪威尔取得的胜利太有压倒性。

无论从人们的分析来看，还是从过往的经验来看，似乎都是史蒂文森的胜算更大，不过从"众人举棋不定"的可能性来看，可以大胆设想将军的胜利。

---

1 总统选举人团制度是美国特有的选举方式。美国总统由选举人团选举产生，并非由选民直接选举产生，获得半数以上选举人票者当选总统。根据州权平等原则，每个州（或华盛顿特区）的选举人团票数由各州（或特区）在国会的议员数量而定。大众选民在大选日投票时，不仅要在总统候选人当中选择，而且要选出代表本州（或特区）的选举人，以组成选举人团。根据"赢者通吃"（winner-take-all）规则，当选的选举人团成员必须宣誓把选举人票给予在本州或特区获得相对多数选民票的总统候选人。

35　赚钱的智慧

美国如此繁荣的今天，建立在无与伦比的公式之上：

赚钱的智慧 + 工程学天赋 = 持续增长

假定发财致富的自由已经不存在任何阻碍（但愿如此），我们不妨简要地讨论一下"赚钱的智慧"。当赚钱的智慧受到人为压抑和种种限制时，就妨碍了经济的持续增长。

您可以随便选择一个社区作为研究对象，既可以是农村小村庄，也可以是小城镇、大城市，甚至于中心大都市，您会发现，赚钱者总是极少数。造物主在赋予人类这种才能时，非常悭吝。不过他也煞费苦心地，使得不管在什么境遇的人群中，这种才能都是不足的。这样一来，"经济增长"就能处处均匀了。

赚钱的智慧是一种精神特性，我坚信，这是一门极难学会的技艺。事实上，这种才能是与生俱来的。您要么有聚财的特质（我相信这一点），要么没有。

对那些天生具备赚钱才能的人来说，无论"行情"上涨、下跌，或是横盘，都是赚钱良机。他们的头脑能紧紧抓住赚钱获利的机会，他们拥有为自己创造机会的能力。他们也可能因为投机过度而丧失一切，但是他们很快就能卷土重来，直到岁月的沧桑最终耗尽了他们聚财的特质为止。

后天的教育是没办法培养这种赚钱特质的。您也许已经读过很多成功人士的故事，从学校教育的角度来看，他们并没有什么学识，但他们却聚集了巨大的财富。在19世纪后期，不择手段地致富的美国资本家中，许多人都属于"没有受过教育的"。关于这些人，"自由主义者"那真是如数家珍啊。

当然，成千上万的没有这种特质的人也都挣过钱。少数发明家以及才华非凡的人属于这样的类别，他们的技艺给他们带来了大量的专利授权费或薪酬收入。还有演艺人员，直到他们光彩消退前，也都能挣钱。

赚钱能力上的平等，就像在其他事业或专业才能上的平等一样，肯定不是自然进化的结果。不管在哪个领域，超凡的才能都是极少数人的专利。古斯塔夫·勒庞在《大众心理学》中说：

> 历史表明，我们在所有领域取得的进展，都应当归功于精英。

后来他还提醒我们：

> 如果我们让自己沉湎于普遍平等的美梦，那么我们就会成为这种态度的牺牲者。因为紧随平等而来的就是自甘落后。

对很多人来说，一门心思都放在赚钱上是令人不齿的，他们的志趣在更"崇高"的方面。实际上，这正是我们这个社会的幸运，否则我们就不可能享受到从古及今那些伟大心灵给我们带来的丰硕果实，他们给我们带来了智慧、美，还有文化。

无论如何，即使仅仅从经济发展，以及人民福祉的角度来看，我们也是幸运的。因为大自然给极少数的头脑赋予了赚钱的本能，正是由于他们的天赋，让人类社会发展至此，我们这些缺乏天赋的人不妨拼命仿效！

36 为何预测越来越不靠谱

预测已经成为一种狂热的时髦。几乎所有的经济学家都被召集起来，让他们给出对未来的看法。果然，许多人误入歧途，写文章、发演说，大谈"前景如何"。他们提出的各种各样、千奇百怪的理论，你可能已经见识过了。

但是我们必须始终牢记一个事实：一个预言，越是广为接受，就越有可能失效。

当您想到国会已经立法，成立了官方预测机构，即总统经济顾问委员会（President's Council of Economic Advisers），也许您会说，"预测"都已经被官方批准，并得到了官方的支持了。该机构现在必须每年发布一次年度经济展望，而过去它发布的报告则更频繁。好消息是，在艾森豪威尔总统的治下，公开预测将会大为减少。

随着这样那样的"理论"如过眼烟云，出现然后消散，我们看到预测"科学"经历了若干不同的阶段。

不久前，凯恩斯爵士和凯恩斯主义曾经是最热门的话题，如今人们似乎更倾向于数学方法，靠通过尺子衡量来预测，所计算的因素也采用工程设计的方式。不变的是：每个人都在锲而不舍地搜寻打开未来之门的钥匙。

然而，事与愿违，权威预测者的预言总是没能应验，因为大众接受了他们的预测，反而导致了预测的落空。

如果您相信他们的预测,您就会采取相应的措施来保护自己。如此一来,您就加了一榔头,把这个预言砸进土里。

只要人们对预言保持这种趋之若鹜的状态,这种预言满天飞的情况就会持续下去;只要这些预言经过报章和广播的一再重复而路人尽知,"逆向思维理论"的重要性就会与日俱增。我想我的这一结论是站得住脚的。

37 革命需要长远目光

逆向思维方法的原则之一：切忌一厢情愿及先入为主。

我们先来看看这样的一个论断：人们为了摆脱某些形式的暴政而揭竿起义，如果可能招来更深重的压迫，人们就不会奋起反抗。

其次，群众受某一政权奴役和虐待的时间，和使他们受到足够唤醒（并被组织起来）而奋起反抗的过程所需的时间，存在一定的关联。例如，美国革命（独立战争）在波士顿倾茶事件（Boston Tea Party）、康科德镇（Concord）和莱克星顿镇（Lexington）的枪声之前，已经酝酿了多年。

基于这一点，这里要再次引用古斯塔夫·勒庞的一段话，引自他的《革命的心理学》(*The Psychology of Revolution*)[1]。这段话是关于"真正"的革命的时机。

> 真正的革命，即那些最终改变了人民命运的社会变革，是通过一个非常缓慢的过程来完成的，以至于历史学家们很难确定它们的起点。由此看来，在这个问题上，"演变"这个词远比"革命"更恰当。

历史上发生过无数政变，但它们本质上都是某人或某集团争权夺

---

1 New York: G. P. Putman's Son, 1913.

利。其中许多政变发生得突然，也很快被扑灭，它们不属于我们所讨论的那种性质的革命。

说到这里，关于"真正"的革命的问题，我们必须抓住两个关键因素：

◇ 我们必须记住这样一个事实，当前社会体系已经存续了一代人的时间——大概35年。因此，其说教和信仰已经根深蒂固。
◇ 在"仿效法则"一文中，我们已经了解到，所有猛烈的社会风潮总是从少数人开始的，然后经过仿效和相互感染发酵，大多数人追随其后。但是这些"领导者"必须采取激发精神性狂热的形式，才能使得追随者保持足够动力。

以上两项因素，都需要一定的时间，才能起到教育民众、引导民众的作用。新信仰必须在人民的心目中扎根生长，激起人民对当前社会体系的不满和仇恨。

38 "逆向思维理论"源自对仿效和感染的思考

在这里，我要再次提起加布里埃尔·塔德的《仿效法则》一书。如此重要的书，在二手书店里却很难找到，实在太糟糕了。好在还有一些图书馆藏有此书。

在这本书的前言有吉丁斯教授撰写，他告诉我们，塔德洞见深刻的理论和创造性的思想，不仅来自于敏锐的观察，而且来自他"长期的独处和勤奋不懈的思索"。我们之中绝大多数人，都无法忍受超过半小时的独处，我们的观念和想法往往纯粹是他人灌输给我们的内容。据吉丁斯介绍，塔德天生就是一位人性的研究者，他持之以恒地把兴趣倾注在"最古老的哲学问题：人类动机的解释"上。他认识到，人类动机不仅体现在所谓"信念"和"欲望"这两个概念上，而且还可以从行为上度量。

实际上，仿效是一种强有力的动机（正如塔德所指出）。并且它和"相互感染"密不可分。古斯塔夫·勒庞在他的几本书中都曾对此加以周详的讨论。

"逆向思维理论"就是对上述"仿效法则"和"感染法则"的逆反得出的。我们要将这两种"社会观念"牢记在心，时常反思它们的强大力量。

塔德坚决认为，观念和行为的相互模仿来说，自愿和非自愿，有意和无意之间，并不存在逻辑上的"区分"。如果某人无意识地、非出本愿地反映了他人的观念，或者让他人的行为对自己起到了暗示作用，他的行为就是仿效了这种观念和行为；另一种情况，如果他是处心积虑地借用这种观念或仿照这种行为的，最后产生的结果，和前一种完全相同。

塔德还提醒我们：

> 事实上存在着两种仿效他人的方式，一种严格仿照自己的榜样，亦步亦趋；另一种完全反其道而行之……无论要面对的社会环境如何简单，如果没有他人的暗示，则什么都不能确定，首先他无法形成本身的观念，再次如果不存在他人的观念，他的相反观念也毫无出处。

说到这里，我们的脑海里马上就浮现出数不清的社会争议的事例，有现在的，也有过去 20 年的。因此，当我们考虑重要的社会和经济问题时，务必同时考虑模仿的和完全唱反调的。

无论如何，明确以下这一点是很重要的，所谓反其道而行之，正是缘起于对"领头者"的直接仿效，只不过通过相反的形为表现出来而已。例如，在某个行业中形成了某种趋势，商业界都趋之若鹜，但某劳工团体也许会选择与这一趋势截然相反的道路。看似相反，然而，该劳工团体的"反其道而行之"恰恰是由领头者引起的。

塔德说：

> 假如对某事抱有正面的态度，一方面，它就会吸引那些平庸的、羊群般的头脑，与此同时，也招来天生具有逆反心理的头脑的反叛，从而产生针锋相对的反面态度。

39　大众意见把我们引向何方

现代化使每个事物都变得规模庞大，我们不禁要问，在现代科技的巨大迷宫里，个人会不会迷失自己的方向。

如果众人越来越深地被彼此影响，也许您可以用"全体一致"这个词来描述，那么：

◇ 将来出现的大众风潮，会不会更激烈，更难阻止？
◇ 在"规模庞大"的社会经济事务中，独立主义者会不会越来越难坚持自己的立场？

以上问题自然是自由主义者"思考的对象"。美国的国父们在设计政府框架时，不仅着眼于建立一个独立、自由的国家，而且着眼于个人独立、热爱自由、个人思想自由等崇高理想。

美国之所以在建国不久就能取得快速成长，是因为个人创业者们取得的艰苦卓绝的成就。他们是手脚麻利的建筑者，他们是经济发展的先驱(我们当中的左派人士有时刻薄地称他们为"海盗")。

事实上，他们的建设工作进展得太快、太猛烈了，结果很快就进入了企业兼并的过程中，企业的扩张与垄断，湮没了个人的努力，培植了群体的成就，使得实惠成为一个更群体化的格局。

今天我们也许应当问这样一个问题，当一家巨型联合企业的雇员被评审、升迁的时候，他算是一个公司人，还是一名独立的人？到底他维持了独立的人格，还是变成了公司群体格局中的一分子？他是不是已经接收和陷入"群体思维"中？说得更直白，他是不是完全遵守公司的一切准则？对于一名独立主义者来说，也许再也没有什么比陷身于现代化的、集体领导的、大规模的、集团型组织的泥潭中更令人泄气的了。这位不幸的仁兄应当果断地走出来，另谋饭碗，哪怕为此需要抛弃融于集体中的安全感也在所不惜。在他走后，"公司"过得更好了，因为那些庞大的生产装备本来就不是为了个人的利益而开动的；这位老兄也得到了益处，因为他再也不用为了公司的进步凑上自己的一分子。大多数人在大伙想法一致时感到更高兴，所以他们就为"公司人"提供了源源不绝的来源，而特立独行的人总是少数派。

对于美国商业如此的发展，您不能"埋怨"任何人。简单地说，它就是这样一路走过来的。相对于个人的管理力而言，商业组织已经太庞大了。我们已经进入群体管理的时代，自然，众人想法一致的格局也相伴而来。

然而，这里有一个相关的问题，值得我们这些逆向思维者深思：众人越来越一致和群体化，会不会导致将来社会风潮越来越猛烈？

40 "逆向思维理论"应对大众幻觉

现在,我们来讨论一下另一个"逆向思维理论"应用的地方,大众对社会政治的错误看法,我也喜欢称它为"幻觉"。

我相信,在大众的头脑里,有一些由于被人反复灌输而形成的重大谬误,逆向思维者有必要对此引起注意和加以批评。

我所指的就是所谓"中间道路的哲学"。该谬论的坏处在于:奉行中间路线者可能对美国的经济生活方式不满,所以他们向人们介绍某些社会经济理论,而这些理论只能借助左翼分子的方法和计划才能得以实行。

我简要说一下"中间道路"的思路:中间路线哲学倡导让所有人都能够生活得更好。同时这一理论也认为如果经济体系出了毛病,那么政府有责任加以干预,使得经济机器重返平衡运行的正常秩序。

因此,中间路线者在关于"自由"社会经济体系的功能方面,产生了错误的看法"幻觉"。

这里我竭力想要说明的是,首先,大众既没有时间也没有这种爱好去研究社会政治趋势。其次,如果您告诉大众,资本主义社会的商业、生产就业、价格的周期性波动可以被消灭,或者至少可以被调整到"平稳状态",那么我就觉得你在误导大众。历史上没有任何证据显示这种目标是可以实现的,独裁统治时期或者在战时实行严格配给控制的时期之外。

> 您不可能一方面控制或者管束供给和需求,另一方面同时维持人们的行为自由,自由正是美国私有企业制度的思想基础。

因此,当我们注意到某些著名的经济学家发表的评论时,简直不敢相信。他们预言"即将打破经济周期",他们预言我们的经济体系正处于"试验阶段"。不仅如此,他们还明显地倒向了中间路线哲学,认为当经济出问题时,政府必须尽快干预。

这正是"逆向思维理论"的用武之地。"留神您的谬误"(流行的看法和观念)。在您相信之前,对一切宣传都要持怀疑态度。

41　先人一步

"逆向思维理论"的目标就是采取与众人相反的立场而先人一步。我这里所用的"先人一步"这个词,词典上的解释是"在正是时候之前考虑到或提出来"。请注意,"先人一步"和"预测"有重要区别。我把"逆向思维理论"看成是对预测的一种矫正方法,而不是把它看成一种具体的预测方法。

例如,一家著名研究机构的行政主管给我来了一封信,我觉得这封信对我很有裨益,这个例子就是受此信的提醒而想到的。也许您能够预计到两种或更多种趋势,也许你只想到其中的一种,但是也可能您同时想到这两类情况都是可能的,正在观察进一步的发展,以从中抉择可能性更大的那种情况。

经济前景的问题,这几年一直摆在我们面前,不妨以这个悬而未决的问题作为研究对象。

这个"二者必居其一"的问题大致是这样的:我们面临的是通膨盛宴,还是萧条清场?

无论如何请注意,逆向思维的先人一步意味着"在正是时候之前考虑到或提出来"。

曾经有人向我提出了一个与此相关的问题，当时正值经济繁荣时期，"如果您认为当前的经济复苏或繁荣还能持续下去，那么为什么要过早地谈论后面的经济衰退呢？"

这是一个精彩而尖锐的提问，答案与下面两项因素有关：

◇ "时间因素"；
◇ 我们打算怎样理解"心理因素"。

根据本人长期以来的观察，我们一旦确立了自己的观点，再想转变自己的观念，需要花费相当长的时间。也就是说，如果我们内心已经认定趋势是朝着某个方向发展的，那么除非趋势已经长期、明显地转向，否则我们还是不会改变观点。您一定已经一再目睹了这样的现象。在我们习惯的做法中，通常都觉得，既然这儿的河流是平稳的，那么整条河流也一定是平稳的。如果选择相反的道路，力图先人一步地预见到当前趋势的改变，我们就更有可能认识到前方即将出现旋涡或瀑布的迹象。应对突变的局势是困难的，尤其是当这种变化出乎我们意料的时候。华尔街上有这么一种说法："他看空太坚定、太久，或者他看多太笃信、太久了。"

时间因素，我们已经讨论过很多次，这里就不再赘述，只想再强调一次：准确预测经济趋势和事件发生的时机是不可能的。因此，"逆向思维理论"对于"先人一步"这件事是毫不犹豫、毫无愧色的。我们把复杂精密的猜测工作留给别人。事实上，也许我该再补充一句，如果您不是"先人一步"，很可能就是太晚了。

42　预测可不容易

商业预测从来没有像今天这样困难过，但是商界人士为了制定有利的商业策略，却不得不对其前景进行预测。

今天的预测之所以更加困难，是因为我们现在既不处在和平年代的经济状态，也不是处在战时经济状态。在过去的战后年代形成的标准不能用来判断当前复杂的经济状况。其复杂性有以下几点原因：

◇ 生产力已经大幅发展，可以同时满足大众的需求和政府的需求（国防或战争需求）。怎样评估这种两维经济可能的走向，的确需要高超的猜测本领。
◇ 政府可以对经济进行干预——在未知的、完全出人意料的时机干预。政府可能对货币和信用进行干预；可以减少或扩大军事订单；可以采取实际行动，也可以只发布声明来影响大众的心态；还有其他许多方式。这类变化显然是不可预测的，因为它们取决于世界上发生的各类事件，有可能是秘密会议上达成的决定，也有可能由于大众心理引出的突发事件等。

尽管存在上述复杂因素，人们仍然乐此不疲地、长篇累牍地发表经济预测。

然后呢，毫不意外地，他们不停地犯这样那样的差错，要准一次简直比登天还难！

因为政府在现代经济中扮演了一个重要角色，所以我们应当特别注意商业和大众心理的演化，并且这一点变得越来越重要。

"逆向思维理论"就是评估商业和大众心理状况以及趋势的方法，我们可以分析各种"对立的意见"，从中也许能够检验出明显为大多数人采纳的观点。

这里向您推荐一本小书，它能帮助您在商业预测中找到坚实的立足点。而且您在一个星期之内就能汲取该书的养分，它只有12页，其中还包括32张行情图。该书出版于1954年初，《商业通讯》杂志社（Journal of Commerce）出版，由该社的杰出编辑利迪克（H. E. Luedicke）编著。书名是《怎样预测商业趋势——为管理人士撰写的专题报告》(*How to Forecast Business Trends-A Special Report for Executiues*)。我建议您仔细阅读。我认为，几乎对于每一位追踪和预测商业趋势的人士来说，《商业通讯》都是必不可少的。

43 "逆向思维理论"用途在哪？

看到这样的标题，你是不是觉得，这位逆向思维者（就是作者本人啦）是不是应该准备半夜里从桥上跳河了。

情况恰恰相反，我宁愿把一大堆一无是处的书倒到河里。

我在自家库房中堆积了大量旧书和资料，每次当我花费数小时来浏览这么多藏书的时候，总是会想到上面的念头。我每一次都想把这些废物抛进萨克斯顿斯河（Saxtons），那肯定会让我精神百倍。不过逆向思维的方式想想，发现这堆积满了灰尘和蜘蛛网、没有价值且谬误连篇的旧物，还是有一项好处的。这些文字现在看来虽然老旧，可当它们的作者挥笔时，写的都是有关论题的"最新结论"。我们最好留此存照，以提醒我们关于这些论题曾经出现过的种种谬论。

现在，我把它们统统保留下来的目的，就是提醒自己不要轻易上当，蠢到相信某人已经掌握了准确预测社会经济事务的秘诀。

> 只要人类的本性始终朝三暮四，不可预测，社会经济趋势就也会一直不可预测。

我发现我们所有人都有一个缺点，容易把原因和结果混为一谈。如果您浏览一下历史上公开发表的各种意见，您会一再发现，人们的意见多么受当时局势的影响。另一方面，有时某种情况可能当时被众人视为后续事件的原因，而这样的因果事件往往按照同样的格局一再重复。人们几乎从不认真分析每一种局势。

潜意识里，我们必定受到当前正在发生的事件的影响。如果眼下发生的是经济繁荣，那么看多的、乐观的论点是最流行、最"可接受的"。如果当时普遍发生了经济萧条，那么悲观主义和失望情绪最有传染性。

在特定社会经济形势下，政府干预行为（比如说，现在往往采取货币政策）是由前一阶段的形势或前一阶段的调控失误（即前一阶段的结果）引起的。然而，人们经常把政府干预理解为孤立的事件，而忽视政府干预的缘由。

我可以断定，"逆向思维理论"的主要价值，就在于它催促我们透过表面的后果来探求背后的缘由。更进一步地，该理论能够始终提醒我们，当前的情况正是即将发生的未来的原因。

44　有些古老的理论依然有效

在我床头书桌上，总有各种各样的书。有那么一段时间，爱默生（Emerson）的散文集《生活指南》（*The Conduct of Life*）始终陪伴在我身边。

我的自由派朋友们管我叫"老顽固"，但我从旧书中的确获得了许多快乐和灵感，而且，我也没有放弃读新书的乐趣。我承认我是一个头脑现实的反时髦主义者，宁愿回到一些较老的、较可靠的社会、政治理论上去。不过我也很清楚，我们不可能再回到那样的年代了。

也许您也愿意重温一下爱默生论"财富"的文章。爱默生，美国的贤哲，他断言"财富带来的，不是只有好，也有恶，从而保持了平衡"。他接着说：

> 政治经济学的基准应当是非干预性的。我们所发现的唯一可靠的规律，就是供求关系的规律。不要人为立法，强制节约的条例搅乱了市场，使市场机能受到损害；也不要存心施恩，法律应平等，确保经济活力和繁荣。你不需要发放救济，机会会为有才干的人和贤明的人敞开大门，他们将尽可能地发挥自己的能力，这样财产才不会落到卑劣者手中。在一个自由和公正的共同体内，财富从懒惰者、低能者手中，汇聚到勤勉、勇敢、持之以恒者手中。

自然法则在商业活动中也存在，通过供需关系人类社会的价值体系达到平衡，这一平衡非凡而伟大，即使自然界中伟大的海水平衡（通过蒸发、云层、雨水形成的）也并不比我们的这种平衡更优越。人为策略和立法往往导致适得其反的后果，供应过剩、企业破产等……

　　限于篇幅，我们不能做更多的引述。您也可以从自己的旧书堆里，找一本爱默生的散文集，重温一遍。他其实还比较新呢，算不上老古董！

　　读书常常引人深思，从上文所说的爱默生，到其他或新或旧的经济学大作，都可以让我们亲身游历观念和思想的演变过程。

45　经济评论中的"中立主义"

近来，在各种名词后面加上"主义"的做法相当流行，我也赶个潮流抛出上面这样的标题。

不久前，《逆向思维理论通讯》的一位潜在订户给我们写来一封非常客气的信。他说，在试阅了两三期《逆向思维理论通讯》后，觉得它"相当有趣，而且，在我看来，它的观点是不偏不倚的"；他又说："但我更喜欢立场明确的文章，所以，我不打算订阅您的《通讯》。"

我打算把这份便笺作为"逆向思维理论"的一个备注，因为我觉得它提出了关于经济学写作的一个重要问题，值得深思。

当我们针对一定的经济话题或趋势写出自己的评论时，如果采取武断、明确的立场，给出观点鲜明的结论，那反而是一桩易事。评论者可以从经济学家或分析家那里搜集一堆议论，摘录出一份综合的结论，然后写出一篇率直的"评论"。

但是，如果在经济评论中给出武断的结论，那么恰恰犯了我们"逆向思维理论"一直批判的错误。对于武断的结论，需要考虑到两个缺陷：

◇ 当作者撰写关于经济趋势的文章时，遇到的情况经常是该趋势在当时是未知的，不可预测的。因此，明确的或武断的陈述，仅仅是表面看起来言之凿凿，其实只是猜测。

◇另一方面，如果某种观点被普遍接受的话，那么很可能它会"自己击败自己"。

我们常常抱怨研究对象混乱不堪，难以捉摸，但是这常常只是我们利用这种混乱状态作为自己不动脑子的借口。

而我认为，这种混乱自有它的价值。

如果我们不喜欢不确定和混淆状态，那我们就会拥抱武断。我敢说，武断的意见中降生的重大失误，比"不偏不倚的考虑"产生的要多得多。

如果您认为事情是混淆和不确定的，您就会把整个事情放到自己思考的背景中，让它自己像万花筒一样地演变，直到问题的各个部分能够组合出明确的形状和含意，这时您就会发现不确定性已经逐步隐去。

整个过程看下来，您从开始的两头为难，渐渐达到了一个深思熟虑的解决方案。

我的任务就是检验各种相左的观点，我认为我的写作责任是尽可能准确地评估关于当前盛行趋势的综合评论，这是第一步，然后反复推敲与之相反的可能性，并把这些可能性作为深思熟虑的对象交代给读者。作出武断的结论与我的责任正好相反。归根结底，某人的意见正确的可能性并不见得比其他经济观察者更高，但是解剖其他观察者的看法，分析这些观点可能会在什么地方出错，却常常是大有裨益的。

我更愿意把逆向思维方法看作"思想启动器"。不妨想象一下，人们正围坐在圆桌边召开管理会议，讨论下一步的趋势和对策。假定有一位持相反立场的人不时地插入话题，问道："诸位有没有从这个角度来想一想这个问题？"或者"先生们，假定你们读到的预测是错误的，那时你们将采取什么样的应对措施？"这类反向的提醒可能极有价值。

当然，作为逆向思维者，我们也不应该毫无准备地加入会议，不假思索地信口提出没有充分依据的主张。如果您这样做,下一次会议您将不会再收到邀请。另一方面,以明确结论的方式来提出相反的观点是不可能的。逆向思维的性质是"三思而后行",以杜绝"不计后果干了再说"。

46　学会独立思考

大众心理学绝对是一门有意思、引人入胜的学科。现在我们来考察一下大众情绪极端乐观和极端悲观的情况，您将看到人性中奇特的扭曲现象。

当经济繁荣时，"每个人"都很快乐、乐观，事业兴旺。对于形势的未来发展，没有人愿意听到什么泄气的话或者坏消息。人们希望享受自己的乐观。他们不愿意在自己的如意算盘上捂上一块潮乎乎的毯子。如果有人说繁荣和乐观过头了，将引起调整性的回落，他们就把这个人称为"唱衰的预言家"，人们礼貌地或粗鲁地叫他闭上乌鸦嘴。

这是人性这块硬币的一面。

在另外一种情况下，当经济步步衰退，"年头不景气"的时候，人们宁愿细品自己的悲观，他们把那块湿毛毯裹得牢牢的。他们的心情跌到谷底，只相信所有的事情都不妙。更糟糕的是，他们预计这样的情况看不到出头之日。

看来，这似乎是人类固有的本性，当人们汇聚为一个群体时，往往根据当前存在的明显趋势下结论，甚至自己没有想法，仅是随大流，使自己深陷其中。

每个人都很容易陷入套路式的思维方式。我曾经说过，逆向思维方法，一言以蔽之，就是跳出他人的窠臼，信任自己的主张。当您思考问题时，要做一个有主见的人。

关于在思考问题时要做一个有主见的人的观念，这里还有其他方面的考虑，值得提一提。这样做，将使您在日常生活中更有满足感，在思考问题时更放松。当意外事件或趋势逆转发生时，您不会有挫折感或者大吃一惊，您已经对之做好了心理准备。

有主见的人明白生活总是起起伏伏。当所有的事物都在上升时，他认识到前面必定存在所有事物都下降的阶段。

作为一位有主见的人，他还进一步地了解到，生活中的起伏是不可预测的，而且起伏的程度、范围和持续时间就更加不可预测。于是，他对所谓精确的"顶部"或"底部"并不在意。他也不会试图估计确切的上升或下跌的幅度，因为他知道这方面不存在可靠的判断标准。

如果您愿意将这样的哲学落实到具体行动中，那么您将会未雨绸缪地在事物上升时深思熟虑当上升转为下降时应当采取的应对计划，反过来也一样。

47　社会政治演化的推力

正如您所知，我这位逆向思维者极为重视社会经济趋势。这些趋势不是静止不变的，政治的、社会的以及经济的趋势都是不断演化的。历史表明，社会、政治、经济趋势既在稳步增长，也会有周期性的反复。

逆向思维者之所以需要了解历史，是因为趋势的转折肯定都发生于大众注意到之前。同时还因为社会政治形势发生轮回或重演时，一般人根本意识不到其中的"周期性"，他们的记忆无比短暂，很可能认为已经形成了某种"新"局势。

为了更形象一些，请允许我引用一些文字：

法兰西将向何处去？欧洲将向何处去？这正是此时此刻在每一个头脑中盘旋的问题，而它的答案还没有降临。

这段话用在今天，把法国换成美国，也肯定适用，不过，它是30多年前写的。原作者接下来写道：

我们的领导者考虑担负起他们的责任了吗？他们之中绝

大多数是能干的治国奇才啊！他们抖开风帆，完美地固定好船舵，然后听任海风驾驭我们的航船，引领着他们的是海风的心情，所以彼岸的港湾永不可及。倘若他们摆脱每一刻的虚浮表面的偶发事件，把他们的目光投向广阔的空间和宏大的历史背景，他们就能找到自己的坐标，从而确定自己的航向。然而，时人几乎从不甘为深入研究历史而花心思，这是一个瞬息万变的时代，这是一个只图眼前哪管未来的时代。这是一个多么可悲的时代啊！政府的职责本来就是前瞻未来的，但是现在它都拒绝抬眼看一看前方；根基不牢的民主派人士限于自身的政治素质，只满足于赢得大选的狭小目标。

这段引文虽然偏长，却值得我们反复回味。这段文字出现在一本很有价值的著作中，著于1924到1925年，出版于1927年，维京出版公司（Viking Press）出版，书名是《政治迷思和经济现实》(*Political Myths and Economic Realities*)，作者法朗西·德莱斯（FrancisDelaisi）。我引用这段文字的目的，是想表达，今天的趋势受到过去趋势的影响，先前的问题如果未曾解决的话，也许会变本加厉地卷土重来，困扰今天的世界和那些政治人物。

德莱斯主张，人类社会的进步依赖于"三个基本的力量"：

◇亘古不变的需求；
◇不同的社会制度（即通过何种方式满足上述需求）；
◇以及在相应的社会制度和思想下大众所持的观念。

这三类基本因素始终处在不断的演变过程中，它们构成了作者所说的"驱动力量"，这股驱动力量有时与"惰性"（比如人们反对变革）产生冲突。有时候，驱动力量可能和大众感情协调一致。

基本上，人们希望稳定和保险。但是为了求得这种社会"满足"，他们却恰恰可能陷入导致不稳定和不安全的社会政治的"迷思"。随后，人们就必须跋涉一番，走上重返正途的道路。

48　永远不要忽略人性

我被 1950 年出版的一册薄薄的小书深深地吸引了，如果你读到的话，我想你也会一样被吸引。这本书是《经济观念：历史背景研究》(Economic Ideas: A Study of Historical Perspectives)，作者是费迪南德·茨威格 (Ferdynand Zweig)，由普兰蒂斯—霍尔出版公司 (Prentice-Hall, Inc.) 发行。

茨威格的观点很大程度上是从一位欧洲人的角度出发的，有一段时间他曾经担任克拉科大学 (Cracow) 的政治经济学教授，然后他到曼彻斯特大学 (Manchester) 任教。我认为，当我们琢磨历史趋势及其沿革时，欧洲人的观点更符合我们的需要，因为社会观念和趋势的转折在欧洲的历史比我们这里早得多，当然也因为我们的经济哲学历史不长。

也许您会对上述说法提出异议，如亚当·斯密 (Adam Smith) 创立的经济"哲学"一直指引着我们的资本主义体系，直到新政时代为止；再如凯恩斯的学说——来自凯恩斯爵士有影响的文字以及他的巨著《就业、利息和货币通论》(General Theory of Employment, Interest and Money)。在茨威格的书中，有一个有趣的章节，对凯恩斯和约翰·劳的货币理论进行了比较。

如果我们站在更高的历史长河的观点看，我们会注意到一个很有意思的事情，亚当·斯密出版他著名的《国富论》（Wealth of Nations）和杰弗逊（Jefferson）起草我们伟大的独立宣言是在同一年。

在美国，直到大萧条之后，"新社会主义"才逐渐引起了大众的兴趣。其实，这种"左"倾的社会偏向，在此之前的半个世纪，就在欧洲和英国形成了。赫伯特·斯宾塞（Herbert Spencer）深刻的著作《个人和国家》（The Man Versus the State）（卡克斯出版公司重印），以及艾伯特·J. 诺克（Albert J. Nock）为此书撰写了前言中，都记录了这种思潮。正如诺克所说，斯宾塞描绘了"在上个世纪下半叶，英国自由主义者们全体倒向了国家主义哲学"。

现在有一些观察者发表文章，预测在全世界范围内，包括美国，都将重新投入保守主义的怀抱，我这位逆向思维者不敢苟同他们的乐观判断。我敢大胆地预言，我们这里原先保守的政党——共和党，在1956年的大选中，甚至可能更加"自由化"，以吸引选票。

这些话扯得有点远了，让我们回到本文的正题。开头我着重介绍了茨威格的一段评论，他批评经济方面的评论家们：

> 在研究人类活动的时候抛开了他们的心灵。归根结底，经济学，现在是，将来也始终是，一门研究人的学问，在这门学问中，人的重要性无可比拟。人具有各种美妙的可能性，人具有远大前程。除非将人的心灵包括进来，否则关于人的研究都不可能成功。

如您所知，在我的眼中，"逆向思维理论"的关键，正在于它是一种人性化的研究方法。它不仅仅考虑数据，还时刻把人性这一关键因素纳入考虑范围之内。

49 兜圈子式的思维

如果您分析各种"观点",以了解它们因何而生,您就会发现,它们都是在外界影响下萌生的。思想的种子,也许还是粗略的想法,是由偶然事件,或者外界宣传产生的,然后,它们开花结果,形成形形色色的观念。这就是为什么大众意见总是在"事件"的影响产生之后形成,而不是领先于"事件"的影响。我们常常看到,事件激起了大众情绪,然后已经变化的形势成为大众广泛持有的观点。

浮躁的思维方式和削苹果皮类似,它不触及问题核心,仅仅是一圈一圈地削去"大家都这么想"的表皮。这种兜圈子式的思考方法很少能有什么收获,但是如果你喜欢盲目追随短期的情绪或者一时的流行,它倒是很适合你。

繁荣的形势派生出充满希望和高度乐观的"想法";萧条的形势导致压抑的情绪和悲观主义,这两个情况都是兜圈子式思维的例证。

在经济景气的阶段,人类本性中居于支配地位的是贪婪、一厢情愿、易受感染、冲动、刚愎自用以及如意算盘。我们还要再加上一条,轻信,因为在繁荣时期人们是轻信的。

当萧条爆发时,人性中的另一面控制了人们的思想,比如恐惧、急躁、犹豫不决以及不信任和多疑。

激发大众意见的有两大发动机制：仿效和感染。它们是"持续"地发生作用的，在大众意见的演化过程中它们始终发挥作用。

如果有人问我怎样才能避开兜圈子式的思维陷阱，我肯定会这样回答：

逆向思维！首先停止削皮，然后深入探究下去，达到更深的深度。

罗伯特·克劳福德（Robert P.Crawford）会告诫您，"做自己头脑的主人，学会质疑各种事物。"《独立思考》(Think for Yourself)是克劳福德教授撰写的一本精彩著作，想来现在已经绝版。

在政治上、社会事务上、流行事物上、商业决策上、赌博游戏中，以及股票市场上，我们可以从日常生活的各个方面观察到追随领头羊式的思维方式。

在经济事务上，如果您经常逆向思维，你会得出结论：本当小心翼翼和深思熟虑的时候，"众人"最热情、最乐观；本当大胆进取的时候，"众人"最胆怯。

50　如何准确把握相反的意见

几年前，我写过一篇批判预测中各种错误的文章，在那篇文章里，我们回答了几个围绕"逆向思维理论"的问题。有些问题，我们现在还是会被问到，比如说应当在何时持有逆向思维？在大众观点多么强烈时"采取相反立场"？如何评估大众的意见，等等。

在那篇文章里我曾经强调，现在再重复一下：

> 即使我们做不到总是准确把握住相反的意见，也不必气馁，因为经济学的全部领域依然属于"猜猜看"的性质。这些年来，在经济预测或市场预测上，几乎没有取得进展。

我一直主张，"大众心理学"是一项有用的工具，它可以帮助您撬开一道缝隙，让您窥见变动中的未来的观点。非常可惜的是，它被遗忘了。

这句断言我也说了很多遍了：

> 即使您能够将世界上所有统计资料都搜罗到自己手边，也依然不知道人们将怎样行事或为什么如此这般地行事。

当我拿起星期日的报纸，读到这样的文字，"一位顶尖的心理学家对美国消费者进行了一番考察，承认自己仍然不明白他们为什么这样做。"这个时候，我的内心真是无比的激动啊！终于有人明白我的观点了。

"消费者"康奈尔大学的詹姆斯·J. 吉布森（James J. Gibson）教授说：

> 依然令当今的心理学困惑。连最愚钝的消费者也可以取笑最聪明的心理学家，因为他们最了解自己，自命对消费者的购买行为成竹在胸。

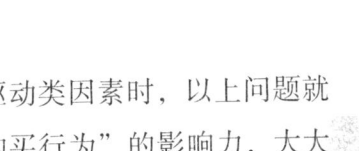

不过当您想到感染和仿效这对孪生的驱动类因素时，以上问题就已经得到了部分的解答。这两个因素对"购买行为"的影响力，大大超过人们一般理解的水平。

这不仅仅是一个关系到钱包的问题，而且关系到人们的想法和情绪。

"逆向思维理论"没办法给您"开天眼"，也不可能给您带来预言未来的能力。但是，您能够用逆向思维来分析"盛行的意见"，考虑它们是否可能"走向反面"。我们都知道，人们的观点受感染、仿效等因素的影响，而诸如贪婪、一厢情愿、恐惧、刚愎自用、嫉妒以及冲动等，这些特性始终发挥着作用，结果，大众的观点总是在改变。本来并未打算购买的人，突然摆起阔来。难道您在自己身上从没体验过类似的经历吗？

再重复一下"逆向思维理论"的大标语：

> 当所有人的想法都相同时，很可能每个人都错了。

无论如何，通过逆向思维切入问题都是有益的。

51 三种类型的"意见"：深思熟虑型、轻率型、情绪化型

考虑"逆向思维理论"的应用及其意义，关键是要确定大众观点在什么样的环境下产生的。

大众意见取决于思考成熟的程度以及情绪激烈的程度并随之变化。对某个问题的随口回答，也许会与情绪激动的群体意见直接对立。而深思熟虑的"意见"可能与其他两者中任何一方都有相当大的差距。

关于"深思熟虑型的意见"，已经无须过多讨论了。不过我有信心，您已经充分了解到，在深思熟虑的意见和草率的念头之间，或者在它和纯粹反映群体恐惧和群体幻想的念头之间，存在多么大的差距。

个人会通过思索得出自己的结论，但是群体却只会被情绪引入歧途，群体永远学不会借助论证或推因及果的思辨来得出看法。

情绪型和草率型的意见通过仿效和感染作用在众人中广泛传播。

52　如何塑造大众意见

您是否曾经思考过，大众意见是怎样形成的？

不用说，数以百万计的民众，不可能在某个星期天的早晨不约而同地坐下，突然达成同一个意见。

大众意见的种子早已埋藏在人们的头脑中，有了合适的阳光雨露就会破土而出。

不久前我曾经反复思考这个问题，当时《纽约时报》上的一则报道引起了我的注意。这篇报道发自伦敦，时间是英国首相麦克米伦（Macmillan）赴莫斯科访问的前夕。首相在一次发言中强调，他决不会退让。著名的时报通讯记者德鲁·米德尔顿（Drew Middleton）对此作了如下的描绘：

> 据可靠消息透露，麦克米伦先生之所以提及绥靖的话头，并且在全国青年保守大会的讲话中有所退却，意图在于回应美国和西欧的批评，以及引导英国的公众意见。

这篇报道支持这样的判断，即大众意见来自外界的灌输。以这样的方式，在公开出版物上说出这样的事实，着实不同寻常。

在我们的阅读物中，企图引导我们形成某种观念的文章，所占比例到底有多大，我想我们当中没人说得清。报纸、杂志以及私人印行的各种"通信"满载着各种观点和印象,有些是实事求是的,有些是令人误解的,但是更多的是以讹传讹或者虚假的。各式各样的宣传家日夜开动他们的印刷机,在我们头脑中制造各种观念和意见。一位在一家巨型垄断报业公司工作的编辑告诉我,在我们读到的新闻中,90%是由专业宣传人士、公共关系专家以及影响大众观点的专家"炮制"出来的。这个数字可能有些夸大,但是这种情况肯定存在,而且严重程度远远超过读者所了解的水平。

说起炮制新闻,我们也不能忽视政府机构的角色。在华盛顿、伦敦、巴黎和莫斯科,催生大众意见的工作一刻也不停息。

正如艾布拉姆·利普斯基博士(Abram Lipsky)在他的那本书名长长的精彩著作《人是傀儡:控制大众思想的诱导法是政府统治术的一部分》(Man The Puppet:The Art of Controlling Minds; Persuasion is Part of the Art of Government)中所揭示的:

商界巨头和政要们的行当就是塑造大众意见,有预谋地引导一国的思想。

利普斯基博士证实了我前面的讨论,他说:

众所周知,某人从谈话中听来的所谓的意见,其实完全是公众意见炮制者们散发的复制品。

他进一步指出:

关于公众事务,很少人有自己的独立见解。

这里也许我们可以加上一句,在经济和金融事务上,人们同样没什么自己独立的见解。绝大多数人从小道消息、道听途说、报纸专栏和广告，以及关于神话般的"庄家"正在做什么或打算做什么的流言蜚语中，获得自己对股票市场的观点，他们以同样的方式获得自己的金融经济观点。

就这样，意见形成了并扩散开去，感染作用效果神速。不仅如此，由于群体意见很少具备可靠的依据，而且常常在错误的时机形成，因此我们发现，对于清晰而准确的思想来说，"逆向思维理论"是不可或缺的利器。

53　边读边想就是逆向思维方式

有周密严谨的思维方式，也有散漫马虎的思维方式；正如既有严密的资金管理方式，也有粗枝大叶的资金管理方式一样。因此您可以说这里存在着精神差距，也存在着金钱差距。

无论如何，我坚信，认真地逆向思维和反复推敲，很大程度上能够弥补思考过程中的缺陷。实行逆向思维方法需要遵守一定的精神戒律，比如一边阅读一边推敲。不过，我有把握说，对于那些已经下工夫掌握了要领的人来说，这个过程完全是自发的，不用刻意为之了。

依我之见，开放的头脑和有漏洞的头脑是有显著区别的。一个活跃而开放的头脑随时欢迎各种观念，不论积极的还是消极的，然后加以思考后，形成自己的结论。开放的头脑不等于空洞贫乏的头脑，但是有漏洞的脑袋则拿来他人的意见和观念后，便安然入梦，不做进一步的审视。

偶尔有人告诉我说，我在《通信》中表达的逆向思维方式评论不够明确。

这个问题点到了逆向思维方法的一个要点，我们曾经做过讨论，但是值得重复。强迫自己得出明确、具体的结论，是我能想到的最容易导致错上加错的偏执。这种现象招来了这样的嘲讽："常常错在错误上，绝不错在怀疑上。"

我跟经济学界以及华尔街打交道已经有超过30年的历史，我的主张是，绝对、明确、武断的做法大约是一个人所能染上的最有害的习惯了。

如果您对某个问题持有绝对的、武断的立场，显然不可能再从相反的角度进行思考了，难道不是这样的吗？仔细想想。

逆向思维方法的价值在，它能防止我们成为武断的人；防止我们在并不明朗的事情上持武断的态度；当我们阅读时，对作者的意图进行斟酌；最后，得出自己的结论，而不是接受他人的意见。

我相信，之所以"投资顾问行业"多年来的纪录都不如人意，主要原因在于，顾问性刊物的作者受到客户需求的压力，不得不进行积极、具体、武断的判断。

如果您有兴趣检验上述解释的可靠性，不妨回顾一下1959年10月号的《财富》杂志，读一读这篇文章，《股票市场信札：增长的格局》(*Stock-Market Letters:A Growth Situation*)。该杂志让自己扮演起批评其他预言家错误的角色，但是它好像忘记了，《财富》杂志本身也备受猜测错误的折磨。这种毛病的根源在于：

◇ 经济、金融领域的作者总是想当预言家，这种冲动非常有害。一旦中了这样的毒，那就很难有效祛除了！
◇ 另一方面，读者的错误也是半斤八两，他们总是期望别人能够准确地预言经济或市场的趋势。

54 "逆向思维理论"和三段论法则

我希望尽力为我们的"逆向思维理论"提出一个合乎逻辑的基础。

由于逆向思维方法可以划分为三个部分,也许我们可以说它遵循了逻辑学的三段论原则。不过,您可以把它称为"综合法"而不是逻辑学的"演绎法"。

我们打算从哲学家那里寻找我们的"公式"。

我认为,虽然德国哲学家约翰·戈特利布·费希特(Johann Gottlieb Fichte,1762—1814)被誉为正命题、逆命题、综合命题的三段论法则的创始人,但是,是黑格尔(Hegel)把这一理论发展为"永恒思想"的哲学体系的。请允许我从《大英百科全书》(Encyclopaedia Britannica,第 11 版)"黑格尔"条目中给您一个解释:

> 每一条真理,每一件现实,都具备三个方面或三个阶段,由两个相反的因素或方面组成的统一体,这两个方面不仅如同黑与白那样是相反的,而且就像相同和不同那样是相互矛盾。第一步对两者进行初步确认和联合,第二步进行否定和区分,第三步最终地统一起来。

将正命题、逆命题、综合命题的三段论公式应用到"逆向思维理

论"上,您就可以建立大致如下所示的三个阶段:

◇ 大众意见(盛行的命题);
◇ 相反的分析(逆命题);
◇ 您得出的结论(或者说普通的观点与相反的观点的综合命题)。

随着我研究逆向思维方法的应用的增多,我越来越认识到,我没有给予综合命题这一步骤足够的重视。

我的意思是:

我们不应该径直确定其反面(即从大众意见直接达到相反的意见),而要考虑到由大众意见及其相反的意见两部分组成的综合命题(两方面的综合)。并不是大众意见总是错误的,或总是时机不对的,其中某些思考的因素,是值得我们利用的。

我推想,我们的思考过程大致应当按照以下顺序展开:

首先从大众意见出发,得到与其相反的意见(或者从肯定到否定),然后通过这样的观念再综合出一个深思熟虑的结论,也就是综合命题。

通过这样的方式,就可以避免错过大众意见中合理的成分。

55　社会压力常常滋生从众

在著名的研究机构亚瑟·利特尔公司（Arthur D. Little）出版的一期《工业新闻简报》（*Industrial Bulletin*）上，提到了最近的一些试验。该《简报》的一篇文章评论道：

> 社会压力常常导致众人一律，个人的决定受到外部因素的影响。不同的人在不同场合将这种外部因素称为环境、群体压力或宣传。

也许在读者当中有些人曾见到一份报告，是所罗门·艾斯博士（Solomon E. Asch）发表在《科学美国人》（*Scientific American*）杂志上的，其中介绍了上文所说的试验。

艾斯博士的目的，是要测试群体意见能在多大程度上迫使个人放弃自己的判断，屈从于大众的意见。

> 简要地说，这些实验研究了"一致意见的形成机制"。

这也是最近出版的一本书的标题，编者是爱德华·伯奈斯（Edward Bernays）。在这本书中，作者列举了"逆向思维理论"的例子来说明"反向策略"。

实验是这样安排的：

> 7 到 9 位年轻人，凭目测比较两张白色大卡片上的黑线的长度。一张卡片上是标准线，另一张卡片上则绘制了 3 条直线，其中有一条与标准线等长。

在最初的比较过程中，大家的意见是一致的。然后，其中有一人，他就是本实验的受试验者，发现他的意见与本组其他人都不一致，这些人都是预先安排好故意给出错误答案的。下一步的直线比较实验，就评估了受试验者抵制群体意见压力的能力。

经过对自己的"感官证据"和群体意见的权衡，受试验者必须公开表达自己的意见，当面反对大多数人的意见。

大多数人的立场是故意错误的，在每个实验系列中共尝试 18 次，其中 12 次大多数人给出的是错误答案。

简短地归纳一下，普通的受试者都在实验中丧失了自信。其实在正常情况下，他判断错误的可能性低于 1%，但是他倒向了大多数人的立场，在群体压力的作用下，在他的选择结果中错误率达到 36.8%。当然，这份报告交代，这里也有相当多的偏差：

> 大约有 1/4 的受试者从未丧失其判断的独立性，有些人则从来不能突破群体的约束。

这是一个关于"从众"的有趣实验，它可以证实"逆向思维理论"的实用价值，只要我们在如何应用这门学问上掌握更多的知识。

56　动量

由于"动量"是一个从物理学中扩展开来使用环境的词汇，所以我加上了引号。这个话题，足以写一篇内容丰富、令人满意的文章，而且有可能在您的脑海中激发出一连串的新观念。

读者中大多数人无疑会从机械方面的定义上来理解动量这个词，在词典上的解释是：

> 运动中的物体所具有的一种运动力量，总是与物体质量和运动速度的乘积成正比。动量的大小表明了移动物体维持自身运动的力量或能量。下落的物体动量逐渐增大。

我关心的，是由于大众心理的影响促进了或阻滞了经济动量的情形。如果我们太过纠结于机械工程学上对动量的解释，可能就不能太好地将其放在经济学或者心理学上的理解了。

心理学上有一则通例，称为韦伯定律（Weber's Law），沃尔特·皮特金（Walter Pitkin）天才地将它定义为"心理效用递减法则"。我们将它简单地表述如下：

◇ 要使刺激因素发挥效用的动量算术增长，则刺激因素的强度必须按照几何级数增长。

◇要保持动量（效用强度）不变，则刺激因素必须持续增强。

当然，"刺激因素"也可能产生反作用，比如令人厌烦、困倦、恼怒，等等。如果刺激强度下降了，动量也会衰减。

卡尔·斯奈德，公认的联邦储备银行纽约分行的杰出人物，在他那本精彩的《资本主义：创造者》一书中，直白地写出了"经济学中的动量因素和惰性因素"。他曾经为美国科学进展协会作过题为"经济学中动量和惰性的概念"的演讲。正如斯奈德所说，"在与货币和价格、利润和进步有关的以及其他许多富有争议的问题上"，存在一定的"机制"，它不停地发挥作用。促使美国不停成长的动量，是我们珍贵的传统，这个过程很少中断过。

57 关于创造性思维的反思方法

不久前，我收到一封来自芝加哥的朱丝·科根先生（Zuce Kogan）的信。早在数年前，他就满怀兴趣而又大胆地创建了一家创造性思维学院。该学院主要致力于解决工业界的疑难问题，还出版了许多专题论文和著作。

在科根先生写给我的来信中，提出了一项令所有逆向思维者都感兴趣的主张。据他介绍，他们曾经对自己的窍门重新进行了检讨。他们采用"窍门"这个词来描述他们解决问题的方法。

> 当我重新分析在我们的办法中使用到的各种窍门后，我发现，它们全都是基于"相反的"或"对立的"基础之上的……需要经由逆向思维方式达到创造性思维的目的，并且实际上在所有已经建立起来的窍门中都包含了这样的内在特性，这听起来或许有些特别。不过，当我们认识到，正是跟着他人的思路思考导致了模仿，盲目仿效他人是最不需要创造性的思维，那么上述这一点就不证自明了。

这无疑是一个好消息，因为他们也强调了我们长期以来在"逆向思维理论"中领受到的内在价值。所以，让我再为您引用一点科根先生的论文，这是他对创造性思维的进一步探讨：

因此，推论的结果是，为了获得创造性，就不得不有所变动。从这一点来看，以下看法是经得起理性的推敲的，即最适宜于培养创造性的方法，一定是改变最为巨大的方法；而最巨大的改变就是跑到对立面。

科根先生在其口授的经反复思考过的心得中又向前迈了一步：

有人也许会问，为什么我们需要建立这样的"窍门"？为什么我们要作出某种改变，或者从极端的意义上说就是要采取相反的做法呢？答案是，仅仅知道需要作出改变是不够的，我们还必须知道怎样作出这样的改变，或者怎样实行相反的手段。

58　动机和潮流

从大众心理学研究，以及塔德的《仿效法则》中所了解的内容，我得出，所谓动机问题乃是"最古老的哲学问题"。动机萌生于"信念"、"欲望"和"恐惧"以及其他相似的人类特性。通过相互模仿感染，动机迅速地传播开来，从个人到群体，从群体到全民。

今天，关于群体行为的研究读起来似乎还是新鲜事，该研究强调"动机调查"（这样的研究方法已经扩散到"消费者偏好"问题，以及其他许多商业和广告分析问题上了）。不过，您会察觉到，这类"发现"其实在更早时代的经济哲学家那里就已经讨论过了，其中包括本瑟姆（Bentham）、考诺特（Cournot）、门格尔（Menger）、沃尔拉斯（Walras）、杰文斯（Jevons）以及我反复引用和推崇的加布里埃尔·塔德。

在我们的"逆向思维理论"中，也面临着同样的问题。塔德主张动机有可能被度量，但是在研究"大众意见"（它们是从动机中派生出来的）的过程中，我发现对大众意见一致程度的估量，充其量只能说得上是投机性的估计或猜测。虽然不可能做到，但是定量化的估计显然是有必要的。

当我们需要强调或考虑相反的观点或条件时，衡量特定的意见为大众所接受的程度，也就是广泛传播和普遍接受的情况，是很重要的。

我们发现，将特定群体意见的普遍程度估计得过了头或估计不足并不少见。

尽管存在上述不足，我确信任何人，哪怕只要检讨少数几例被后来的岁月证明是错误的离奇预测和大众意见(不论战争时期的还是和平时期的，金融领域的还是政治领域的)，他都会赞同，与它们相反的考虑对思考是有裨益的，也有利于增进我们的智慧。

59 抵御"深度操纵者"

前文我们已经提到，加布里埃尔·塔德曾穷根究底地研究动机问题，也提到现代研究的趋势正转向这个领域。我打算与您稍作讨论的正是当前这一趋势。

我觉得，在分析"大众意见"时，宣传是一项突出的因素，因为它的作用是相当明显的，宣传媒介在圆熟老练地策划、操纵着大众意见。我们在其他文章中曾经提到各种研究报告，比如其中有一篇《群体迷思》(Groupthink)，是《财富》杂志编写的，它对"众人一律"和"公司人"进行了评论，这篇文章里还谈到这样一本书，《操纵众人意愿》(Engineering of Consent)。

> 我们正在耳闻目睹对人们的"思想和愿望的操纵"，并将越来越多地亲身经历这样的操纵行为。对之进行深思，几乎令人不寒而栗。我毫不犹豫地断言，"逆向思维理论"保护我们不受操纵者的控制。

我打算更多的对我的读者强调这一点。

请允许我为您介绍一门能够唤起我们的"潜藏"愿望的现代科学，所谓"潜藏"的说法使得"深度"一词越来越常用。在激励机制理论的实践者中，这个词颠来倒去地出现。当他们努力诱使我们买下他们打算兜售的东西时（无论推销的是产品、信念、意见，还是选票），公共关系专家和广告专家确实深挖到了"我们的潜意识"。就将他们称为隐身说客吧，这是一位非常有意思的作者，为他的一本重要著作选择的题目。

万斯·帕卡德（Vance Packard）的著作《隐身说客》（*Hidden Persuaders*）透露了所有秘密。我强烈建议您读一读此书。据帕卡德先生说来，以下就是那些深度操纵者看待我们的观点：

> 典型地说，他们把我们看成一群做着白日梦，心里藏着迷迷糊糊的渴望，犯着内疚综合症，非理性并且情绪化的耳目闭塞的人。我们是热爱表象的人，沉溺于感情冲动和强迫性的行为。我们的看起来毫无意义的怪癖令他们烦恼，但是我们对于他们用来刺激我们行动的操纵符号越来越驯顺，又令他们快乐。

> 如果给出简明的定义，则"激励机制研究是这样的学问，它力图了解什么因素在人们进行选择时发挥着驱动作用"，这是借用一位芝加哥的实践者的原话。

在得知我们最大规模的广告商已经转向了激励机制研究这门科学之后，您就不得不同意，正如帕卡德所说，"这些深度操纵者……正开始获得一种说服的权力"，证明他们正当地拥有我们的注意力。这本书证实，在我们思考、阅读和行事的过程中，建立"逆向思维方法"是必须的。请务必读一读这本书。

60　大众催眠术

我们曾经说，有可能存在大众催眠术这样的事情，也许听起来有些夸大其词。无论如何，在历史上，曾经发生过很多次"众人"的确看来是被催眠了的情形。

如果您将催眠术或催眠状态定义为，诱使人们的身体进入睡眠状态，而他们的潜意识仍然对催眠师发出的暗示或指令作出反应，那么大众当然不可能真的被催眠。然而，大众歇斯底里症，却能够，也常常由煽动者的蛊惑造成。一大群民众响应这样的领头者的行为方式，肯定与催眠术相似。

勒庞是公认的研究群体行为的权威，他写道，这个领头者当初也是被催眠者中的一员，对此他作了如下解释：

> 领头者已经被某种观念催眠，而且从此成为这种观念的传道者。这种观念已经占据了他的身心，除此之外，每一种事物都入不了他的法眼，任何一种与之相异的意见在他看来，都是错误的、迷信的。罗伯斯庇尔的例子正好说明了这一点，他对卢梭的哲学着了魔，并且不惜使用严酷的峻法来推行之。

更近代，希特勒是毫无疑问最臭名昭著的例子了。这位早年在街头张贴海报的混混，将群众置于自己的控制之下若干年。当您回顾历史时，一定觉得这看起来难以置信。但是当年希特勒盛极一时、大权在握的时候，正是一位不可思议的"催眠大师"，这一切却是完完全全真实地发生了。希特勒完全符合勒庞为成功的民众领袖所下的定义：

> 他们尤其擅长于从那些病态神经质、易激动、半疯狂的社会底层中招募追随者，这些人正接近疯狂的边缘。无论他们信奉的观念有多么荒唐，无论他们追求的目标多么虚妄，但是他们的信念都可以如此地顽固，以至于从他们身上找不到一丁点理性了。

我认为，对潮流的盲目追从大致也属于大众催眠术的作用。否则，为什么千百万人在一夜之间，接受了某种风行一时的怪念头呢？就拿那些在普雷斯利音乐会上尖声叫喊的年轻人来说吧，女孩们打扮得都一个样，男孩们也打扮得都一个样。您可以说时尚的转变，就是因为相互模仿和感染，同样，你也可以说，群众都受到了催眠。

也有一些经济观念是通过大众催眠术使人们接受的。武断的结论，一遍遍的重复，众人被引向某种信念，即接受某些观点。一遍又一遍地向他们灌输，既不要解释，也不要证据。只要你重复的次数够多，众人就会相信你告诉他们的东西。关于经济稳定的各种没有根据的观点和错误的概念，之所以最终几乎为所有人一致"视为当然"，正是通过这样的途径形成的。我们该不该接受催眠去相信所谓的理想盛世呢？

61 "股市里，大众总是错的吗？"

只要谈到"逆向思维理论"，这个问题就会不断地被提出来。当然，提出这样的问题是很自然的，因为关于如何轻而易举地赚钱的话题，长盛不衰。不过，这种想法本身就是一个谬论。

也许再没有哪项事业比在股票市场上弄潮更为困难了。在那些想走通这条"轻而易举地致富之路"的人中，只有极少的一部分成功了。那些失败者，击败他们的似乎是一桩关乎人性的小事。

◇ 只有极少数人拥有赚钱的天赋，依我看，这一属性是与生俱来的，如果您在出世时没有，那就最好把它忘了吧。我相信人们要么具备"金钱的头脑"，要么根本没有。

◇ 此外，各种人性的特质在这条快乐的致富道路上充当了拦路虎的角色，不但没有帮助反而有所妨碍，比如恐惧、一厢情愿、贪婪、如意算盘，等等。

从以上列举的诸项中，您可以看出，为什么大众在股票市场上如此频繁地站在错误的一边。无论如何，也许我们可以用以下这段文字来相当正确地解答本文标题所提出的问题：

当我们指望"众人"正确时，结果发现他们是错误的。

这样的说法颇有一点挖苦的意味。更中肯的回答是，在趋势尽头，大众是错误的，但是平均说来，在趋势过程中，大众是正确的。

您会发现大众助长并"推动"着趋势。当股票市场正在上涨时，大众无比地活跃。当价格持续下滑后，大众很快就会失去热情。于是，我们发现当价格下滑加剧时，大众的抛出行为经常会增加。直到最后，市场接近底部，人们的"所有希望都已破灭"，大众将他们的股票倾囊抛出，但此时恰恰正是他们应当大捡便宜货的时候。

如果我们根据这一点，提出一种简单的、逆向思维的行为模式，可能会使获利更容易。

无论如何，我们不得不面对人性中的上述特点，它们绝对是顽固难移的捣乱者！缺乏耐心是人性中最可怕的，正因为这一点，才使得人们不可能在这场游戏中取胜。

62　了解与度量大众意见很有难度

在与"逆向思维理论"有关的问题中，本文标题提出的问题的确是更难解决的：

◇怎样知道当前盛行的大众意见是什么。
◇怎样评估它盛行的程度。

我曾经思考过各种办法，多年来也一直有朋友向我提出各种建议，但是最后我仍然发现，自己的方法是通过大量地翻阅和查找报纸、杂志，以及许许多多的简报和通信来评测大众意见。

显然，这不是科学的手段，也许会频繁地导致正如一位书信往来的朋友所指出的"精神性镜面反射"现象。这个现象的意思是，某人错误地把自己看成少数派，并相应地夸大与他自己相反的观点。他也许因为自己的想法而误入歧途，于是干脆夸大了多数人的观点。

但是我推想，对于任何"思考系统"来说，如果某人企图将该种系统应用于自己的评论、论述以及结论，那么他就必须制约自己的想法。另一方面，我们也不得不认识到我们的精神缺陷，并且在采用任何思考方法的过程中为之留有余地。在我的个例中，我明白不得不通盘了解各种想法和观念，并将它们记在心里。虽然我肯定时常错过一些与主题有关的因果关系,导致我的思想过程缺少足够的深度。

归纳起来,如果您和我一样,通过大量阅读各种意见的方法,您就不得不总是自问:这到底是不是真正的一般观点?或者这是不是只是我自己的看法,是哪面"镜子"诱导自己误以为它们属于"众人"的?

通过阅读来获得"意见"的缺点是,著名的商界人士所说的,可能是他们希望那是自己的想法的东西,甚至有可能他们所说的和他们的真正想法根本就是不同的。这并不是说那些管理人士想把众人引入歧途,但是在他们的心目中,最高策略就是给人留下好印象。因此,当您进行调查时,不得不留有余地。我知道这个方法相当不科学,还带来猜测的成分,但是你能说出更好的解决方案吗?

63　群体精神统一性定律

在小石城的种族隔离问题上,"羊群效应"的表现可谓惹人注目、臭名昭著。小石城的灾祸中,从称呼名字、群伙暴力,到在大庭广众下吹牛自夸的各种行为,无一不是体现了众人一律法则。

正如我们从大众心理学著作所了解,虽然"众人"由个人组成,但是它却具有与个人不同的特性。在众人中,个性已经迷失了,集体意识占据了主动。勒庞在《乌合之众》中写道,聚集在一起的人们,就变成了"一群有组织的众人构成了一个单一的实体,受到群体精神统一性定律的约束"。

当一伙人进入该项"法则"的统辖范围后,还需要一定的由头,才能让该群体形成合一的目标。从心理学角度上来说,即使成千上万人聚集在一起,也可能不会变成一伙"众人"。正如勒庞进一步解释的那样:

> 众人受外界激发因素的摆布,并对它们的不断变化作出反应。众人是它所接受的刺激因素的奴隶。

就像我们在小石城看到的,促发争执或冲突的导火索,几乎都是情绪化的,众人被刺激得激动、兴奋、狂躁,甚至火上浇油。

种族问题,肯定是最具煽动性的。如果我们不是通过将不同的想

法摆到一起,力争找出某种可能的共同基础,而是通过司法途径来实现,那么我们应该当心。勒庞在这一点上也曾告诫我们:

> 观念、情绪和习俗不应当通过修订法律条文来重塑。

我们在小石城,目睹了我在前文所说的"一场草率行事的灾祸"。这场情绪性的众人冲突,是由于那些人要么对羊群效应一无所知,要么轻率地、不计后果地使用暴力而引起的。我们看到了个人像众人一样冲动地行事。或者您也许可以说,这场争执两方的领头者,都让自己这边的群体精神一致了。我没有看到州长或总统心平气和地采取行动,也没有看出他们具有处理此类突发问题所需的高瞻远瞩的眼光。

如果更多人能够遵从逆向深思熟虑的"规律",小石城事件也许不会激化到后来的地步。除了民众间的相互感染、火上浇油外,那些评论和社论也起了推波助澜的作用,它们本无必要在一场冲突中站在哪一边的,其中许多文章纯属情绪宣泄。坚持"逆向思维理论"的有利一点是,在任何重要问题上,它都强迫我们深思熟虑,防止轻举妄动。

64 "逆向思维理论"不是预测体系，而是寻求成熟结论的思考方法

我不想让太多"逆向思维理论"的起缘问题使您生厌，不过我的确希望澄清其中的一两个方面，因为：

◇ 该理论非常实用，确实可以在应用中发挥作用，并且作为一种"思想激发器"，给我们提供了相当不错的使用前景。
◇ 很多人在写到或提及"逆向思维理论"时，对它的解释，在我看来，并不正确。

就在前几天，一位我与相当熟稔的作者这样评论道，在每一轮周期中，仅有两个时机需要遵循逆向思维：接近顶部时和接近底部时。乍看之下，这话没什么不妥，但是如果某人能够知道何时他处在顶部和底部，那么什么经济理论都不重要了，他就是神！

正因为没有人能够精确预测周期的顶部和底部，所以无论是股票市场，还是任何其他地方，"逆向思维理论"的分析才有用武之地！

这里要重复一下本文的标题："逆向思维理论"并非一种预测体系，而是一种力求得出成熟结论的思考方法。

如果您认为可以每隔数月或数年采用一次"逆向思维理论"，然后

64 "逆向思维理论"不是预测体系，而是寻求成熟结论的思考方法

恰巧此时是趋势转向，大众都错误的时候，只有处在相反立场的你得出了许多精彩结论，这样的想法是站不住脚的。您必须时时都深思熟虑，努力得出自己的结论。

采取这种"相反的途径"的目的，就是对每一个特定的问题进行周全的思索，或者由此找到一种新颖的、与众不同的解决方案。

我想，我曾经强调过的一点是经得起推敲的，逆向思维方法迫使我们深思熟虑，并防止轻率的决策。

从我的长期经验来说，当我们需要决定行动方向时，我主张从相反的角度思考。而且，这种思考方法，一定得是持之以恒地加以应用。

只有我们持之以恒地实行逆向思维方法，它才能成为一种实用的、带来回报的习惯。当您对当前出现的事件感到困惑不解时，您不可能像魔术师那样将"逆向思维理论"从帽子里拽出来，也不能把它当水晶球来指望。如果您果真这么做，我敢打赌，到头来您会发现，当时被您一时冲动地看作是相反的观点，实际上还是大多数人的观点，只不过根据自己的观点下意识地将之作了这样的理解。

逆向思维并不是预测，但它可以对他人的预测进行核查！

正如我在前面曾经反复论证的，逆向思维对狂热的预测行为是一剂特效清凉剂。

65 "为什么您认为您会思考？"

随着卫星和火箭飞升到超出常人理解的宇宙空间，您一定认为美国人太厉害了，没有什么问题可以难倒他们了。我觉得还有很多问题，你呢？

"逆向思维理论"是一种思考方法。市面上已经有数不清关于"如何思考"的书籍，我自己也大言不惭地撰写了这么一本书——《逆向思维投资艺术》。我在如何思考的问题上花费了很多心思，并且我诚心地相信，培养更多的思考习惯，减少"人云亦云"现象，都是必不可少的。如果你善于观察的话，你肯定了解我的意思，当某些问题出现时，最盛行的说法是，"他们说如此如此"。

在艾恩·兰德（Ayn Rand）的精彩的新著《被漠视的行情图集》（Atlas Shrugged）中，她让其中一位角色给自己大声朗读"为什么您认为您会思考？"这位虚构的科学家读道，"思维是一种原始的迷信行为。理性是一种不着边际的念头。关于我们有能力思考的幼稚概念，一直是人类最大的错误……"诸如此类，他的头脑被这些空想的社会改良家和福利社会的鼓吹者弄得失去了知觉。该书还有其他对话，都是字字珠玑。不要错过这本重要著作。

当我读到有关现代教育的讲座时，我常常忍不住想，为什么在学校里不着手培养思考习惯。"逆向思维方法"可能会是一门令人兴奋的课题。

举例来说，某人可以在"谬论"的领域里调查一番。关于货币经济学以及股票市场的各种说法中的谬论，已经出版了一些值得注意的小册子和专著。斯图亚特·蔡斯（Stuart Chase）写出了一本《线性思维方式指南》(*Guides to Straight Thinking*)，其中包含了 1 种类型"主要的谬论或者错误推理的 1 类型"，这本书值得您花时间一读。您在《大英百科全书》(*Encyclopaedia Britannica*)中也可以找到类似的材料。不过我可不指望有人会想起过读一读《大英百科全书》的。

66　逆反者：不要接受命运的摆布

您也许不会因为进入火箭时代，就觉得需要被迫改变自己的生活方式(虽然在投资事务上，您必须如此)，但是您一定会有另外一种紧迫感，即在面对摆在我们面前的未知未来，我们必须要"变得更明智"。

自从苏联卫星飞上太空后，我们的报纸杂志上充斥着我们的教育缺陷和苏联的惊人进展的议论，无疑您已经向您的朋友提出过这样的问题。在不久前一次聚会上，来宾中有两位是中学管理人员，我向他们询问，大概还需要多长时间才能改变现状，使我们的学校教育迎头赶上当今的科学时代。

在我听到这个问题的答案之前，饭桌上首先响起了一阵含糊的絮叨，其中对我的贬责差点让我钻到桌子下面去，我不愿再提及其中的话语。我一瞬间变成了一个可怜的、唱反调的人。

"逆向思维理论"的出发点之一，是要求我们对大众了解，会在一无所知的问题，给予特别的关注。您可能已经回想起，我们曾经强调很多次我们需要研究"货币"问题，因为对货币经济学及其对经济趋势的影响，掌握要领的人少而又少。

在上面的例子中，我们强调了熟悉"科学事务"的迫切性。您不用知道怎样制造火箭就能明白它可以携带炸弹。无论如何，您需要知道，其他人已经研究出如何制造比我们更大型的火箭，而且他们有可能想使用它们对准我们！

从历史可以了解到，由战争或国防驱动的工业化发展，进度比民用的东西要迅速很多。想一想在第一次世界大战期间，人类在大规模生产方面的大进步，以及在第二次世界大战期间飞机的产量跃进。我认为这一点是明显的，因为太空时代你追我赶的竞赛刺激，经济增长、衰落或停滞的"曲线"将体现出惊人的转变。

在我看来，如果不是公众情绪迫使政府颁布了最低工资的法案来照顾工人，多年之前，铁路系统就应该已经遍布全国了。这项法案迫使更多公司选择了合并，它们要对抗下降的政府补贴和上涨的经营成本，同时，出于安全和生存的原因，他们还必须维持运作。

我们可以来猜一猜下一起"令人震惊"的变化，某一天也许我们将看到没有收益的政府债券。在与苏联竞争的压力以及在生存问题的鞭策下，我们在取得科技拓展的同时，无疑将会引起更多的货币紊乱现象。发行零息政府债券的呼声将越来越喧嚣，但是这件事的本质就是印刷白条。

让我们充当逆反者。

67 资本主义的本质：追逐利润

最近几年来，人们忙于讨论通货膨胀，争先恐后地采取预防通胀的措施，但是他们都忘了资本主义企业的最基本目的。在资本主义社会，生产和获利，是取得成功的基本法则。

我有兴趣就这个主题专门写一篇文章，是因为它里面有一个"逆向思维理论"可以应用的地方，或者说与大多数人想法相反的点，就是资本主义的本质，恰恰是通货膨胀的缘由。

就拿通常认为是一种规避通货膨胀风险的手段，房屋出租业来说，人们常常认为通胀会一直进行，美元会越来越便宜，所有可以用更便宜的美元来偿付抵押贷款，最大限度地将之抵押贷款、扩张房产。

> 这听起来似乎不错，但是其中有一个陷阱。

因为在通货膨胀加速期间，可能有各种偶发事件会推翻上述"完美"的保值计划。租金收入上涨的步伐不可能快过房屋维护和修缮成本上涨的步伐；然后因为其获利能力的下降，物业的价格也将下跌。所以通货膨胀引起的损失，并不仅仅是你看到的那些。

抵押债务也由于同样的原因，变得更加沉重，因为这时你的收入也会下降。您首先必须赚到那些便宜的美元，它们可不会仅仅因为通货膨胀就自动冒出来！在通货膨胀环境下，政府为了限制通胀速度，必定会干预市场,手忙脚乱地给租金水平设置上限,以保护底层民众和靠固定收入维持生活的人。另外,随着货币贬值的深化,"国家"急于收进更多的货币,于是税务也变成一项可怕的负担。

那些对通货膨胀略知一二的人,大多认为股票是一种流行的保值工具。但是仅有极少数的年轻人熟悉如何在通胀期间投机股票市场的投资原则,其他绝大多数人并不掌握购买股票的技巧。更可悲的是,许多股票被证实是糟糕的保值工具。因为在通货膨胀期间,它们的获利能力下降了。许多公司在快速的通货膨胀中倒闭了。您不能拿一根大头针扎在报纸的金融版面上,然后说,"我就靠这只股票来保值了。"法国和德国两国的通货膨胀历史,都证明本国股票作为保值手段是天方夜谭。我们最好记住,在快速通货膨胀环境下,或者在持久性的通胀环境下,获得利润是一件极为艰难的任务。

商品倒是良好的保值工具,但是有多少人有相应的手段来持有商品呢?

我想,关键的一点已经交代清楚了,如果要成功地抵御由于货币贬值遭致的损失,获利能力最为重要。举例来说,从未来的吸引力以及获利潜力上判断,土地是优异的保值工具,当然,也有前提,必须可以自由拥有,没有任何其他纠葛的干扰,并且不受不公平估价的制约。

68 逆向思维者才有自由意志

在如今的杂志上，没有文章值得真正的自由思想者仔细阅读。在我看来，时下绝大部分评论要么"左"倾色彩浓厚，要么辩护色彩浓厚。后者那些文章，一开头写的是明显右倾的最有力的词句，但常常越来越淡化，最终几乎变成辩护式的语调了。

您可以想象到，当我捧读伊迪丝·汉密尔顿小姐（Edith Hamilton）激动人心的《往昔的教训》（Saturday Evening）时享受到多么巨大的乐趣，该文刊载于1958年9月17日的《星期日晚报》上。

只需从中引用一段话，就能将这篇文章的要旨传达给您，不过也许我最好首先提醒您，已故的汉密尔顿小姐是一位希腊和罗马文明方面的专家，她曾写过几本书，包括《希腊的道路》（The Greek Way）和《罗马的道路》（The Roman Way）。

当她写作此文时已有91岁，她写的几句话，也许会使我们在一切为时已晚之前清醒过来。她说：

> 有能力让自己沉浸于思考的世界中——就是让自己受教育。

汉密尔顿小姐强调，雅典人的教育方法并不是以大规模生产的模式来安排的。它的结果没有导致众人统统本能地奔向一个方向，成为与他人一律者。回到苏格拉底时代的希腊，那里有无数的逆向思维者。

如果苏格拉底（Socrates）在今天的街角拦住行人，向他们发问的话，您可以想象出他会得到什么样的一些答案。不过，让我们回到我希望您剪下来的那段话，您不妨将它夹在钱包里，在晚餐的桌边给大家传阅。以下是引自汉密尔顿小姐的文字：

> 现在的年轻一代，也许必须面对更困难的问题。当他们面对原子时代时，我们竟放弃了对希腊人和罗马人如何在野蛮世界取得辉煌成就的研究，这样的现象合理吗？而在这样的研究中，本应包括研究这样的成功是如何没落的，松懈和软弱的毛病是怎样最终征服他们，并将他们引向毁灭的。他们要自由，他们要安全感和舒适的生活，到头来，他们想要的全部离他们远去，他们失去了一切——安全、舒适和自由。

在上面这段话之后，她向我们提问：

> 难道这不也是对我们的挑战吗？

69　经济学外推法中的谬误

> 外推法：假定研究对象具有连续性或扩展性，根据在已有研究的领域或范围内的观察，推论在未有研究的领域或范围的情形。
>
> ——摘自《韦氏新大学辞典》
> (Webster's New Collegiate Dictionary)

我发现，在博学的、专业的经济学家中，"外推法"这个词变得越来越流行，因此我想也许我们可以从"逆向思维理论"的角度来讨论一下这个问题。本文开头给出了该词的定义。当我碰到听起来有几分专业的词语，总要翻查一下词典。

请允许我首先声明，统计学与经济学不同，在统计学中，外推法非常有效，也已被广泛应用。（例如，您可以很实用地通过某种代表类似时期的平均数值来预测相应的"未来"情况，如出生率）

我应该说，当问题涉及人的因素时，就应该对使用外推法谨慎起来。当人们必须对某事进行取舍定夺时，与之形成对照的，是许多或多或少带有规则节律的现象。我认为，当某人根据对"众人行为"过去的观察或者似乎正在进行中的观察来进行外推时，他已经踏上了冒险猜测的境地。

无数的预测在很大程度上是把当前发生的情况投射到未来。人们预期今天的趋势明天仍将持续，并将持续到下一个星期。

我相信，当您认识到这一点后，就会明白，在经济学预测中，依赖于外推法实在是一项谬误。

> 在任何时刻，发生的事件，也许它的起因正是和以前全然不同的，所以我们在商业周期的更迭之中目睹了这样的现象：一轮繁荣带来一轮萧条。

促使我写下这篇文字的缘起是一封来信，是一所较大的中西部大学的工商管理学院的教授写来的。我曾经写信告诉他，年轻人在总体上对于"逆向思维理论"并无太大兴趣。他就此回复道："当然，基本说来年轻人是乐观的……喜欢将现在的快乐外推到未来。他们没有准备好面对走下坡路的情形。"这一意见来自一位天天和年轻的经济学和商业学学生打交道的人，多么有趣的见解，感谢这位博士。

关于上述问题还有许多内容值得我们反复思考，最简单的，成千上万的年轻管理者还从未经历过真正的萧条。

70　怎样利用预测获利

我想，当我们展望未来时，之所以不够准确，没办法给我们带来利润，其原因应该是可以找到的。而且，我也认为，存在补救的办法。

本文附了一张简单的示意图，借助它，我现在不妨向您尽可能清楚地说明一下关于前瞻性思考方法的尼尔体系，它不保留著作权，您有充分的权利去运用它，前提是您已经了解，我对您应用的结果不作任何担保。

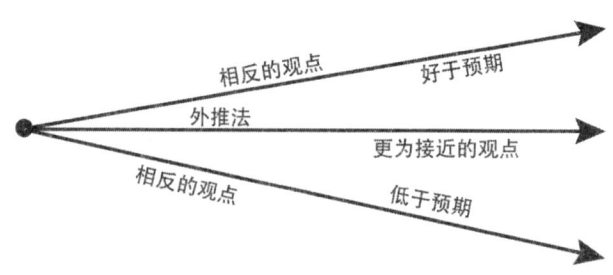

现在我们就来交代这个体系的要点。

在通常的前瞻方法中，都要假定现在发生的情形很可能以同样的方式持续下去。

这样的做法称为"外推法"，我们在前一篇文章中已经提到过。用白话说，外推法意指根据当前存在的状况推算未来的状况。

在本体系中需要依序采取三个步骤：

◇ 确定外推的结果。例知，如果当前股票市场的趋势向上，则结论是它将继续上升。
◇ 思考我们所能想到的，以及市场趋势将与现在一样持续发展的观点相冲突的、背道而驰的其他所有情况和条件。如果当前趋势是上升的，则考虑向下的想法，反之亦然。
◇ 考虑可能加强当前趋势的各种动机和形势。举例来说，在1959年1月初，流行的外推法结论是"一切"都将继续蓬勃发展。相反的意见也可能不足，所以未来将出现比预期的推动力更强劲的高潮，后来的情形果真如此。

也许您会对自己说，这一体系并不会有太大的助益，因为我们怎能知道应该采取哪一种逆向思维呢？

在这个问题上，我将不客气地回答：

> 这正是我们脑子存在的目的，当路上出现岔道时，我们就要用脑子来判断选择哪个方向。这肯定比一条道走到底更明智，您知道如果不转向，这条道一定会带您走进死胡同的。

在任何事件发生后，本体系都能锻炼您的意志，防止大脑功能退化。

71 逆向思维的真实意图

在我写的每一篇文字中，我常常忍不住重复"逆向思维理论"的益处。

人既从自己的经验中，也从书本中学到新知识。当您将某个问题诉诸文字或传授他人时，从中学到的也许最多。

自从1941年以来，我一直就"逆向思维理论"的主题持之以恒地写作，并且在此之前，我所读的文字、所做的事情，都是直接和金融、社会经济学中人性方面相关的。所以可以说，正是我们人类性格上的那些小缺点和空想症，唤起了我的兴趣，它们比冷冰冰的统计学数据有趣得多了。著名的1929年股市大崩溃，以及那个令人跳楼的时代，为我早期的思想反刍提供了丰富的营养。

在这样的时期里，您注定要学习某种事物，特别是当您的读者找到您并同您争辩您的论题时。

在"逆向思维理论"中，最主要的"陷阱"，就是读者会把它视为一种预测工具或体系，但实际上，它是对轻率和无效预言的一种矫正方法。如果某人采用它，那么它最大的功效，就是阻止他预测那些原本不可预测的东西。

基本上，该理论要求我们形成提出疑问的习惯，比如说，"假定相反的情况出现，结果会怎样"、"有些人这样说，有些人那样说，那么是否存在第三种可能性，现在还没人想到"、"在某种狂潮或趋势中，

'众人'通常是'正确'的,但是众人抱着这种念头现在可能已经太久了,'转折点'是不是马上就要临近了"。

逆向思维方法的起点是当时流行的想法或意见。然而,如果流行的意见摇摆不定,那么我们就必须改换到另外的轨道上评估逆向思维。大众意见,或者说众人一时的怪念头,随着每一桩新鲜的新闻事件变动不定,它们是不可能前后一致的。

请允许我用我和一位读者的交流来说明这个问题。他主张在所有情况下,均采取明确的逆向思维;另一方面,当两种大众意见争执不下时,也许有必要采取观望的态度。在这样的场合下,属于"僵局"。也许我在反对教条主义的时候做得有些过火了,不过我还是要说,如果我们对某种推测过于确信,那就已经不符合"逆向思维理论"了。

我认为在逆向思维方法中,存有一个真实意图,我相信您也发现了这一点。采用这样的做法需要花费一点时间,但是这是值得的。

72　使您的头脑灵活起来

或许我可以强调这样的想法,"逆向思维方法"是使您的头脑保持灵活的最好途径之一。您已经注意到,在中学或大学的棒球比赛中,教练是如何将球击打到各垒以使内野手保持灵活状态。

您也可以通过将各种观念来回推敲,这样的方法,保持自己的头脑灵活。无数创造性的想法是通过一个主意激起另一个主意的方式在我们的头脑中萌生的。您可以通过插入相反想法的办法来提高上述过程的水平。没有什么东西比反对意见更能催生新的思想。

下次当您需要解决某个问题,试试把球打到各种方向。从您能想到的所有角度上来推敲它。您将发现,这种从正反两方面研究的方法,最有助于为获取全面的信息,从而得出稳妥的解决方案。

73 用"金钱智慧"从容获利

1961年4月号的《世界主义者》(*Cosmopolitan*)杂志上刊登了一篇文章,引起了逆向思维者的热烈讨论:成功来自于你的头脑,而不是书本。这句话也适用于"逆向思维理论"。

上面提到的那篇文章是《读一本书能使您发财吗》。文章还附录了一些图片,其中一张彩色的大幅图片,罗列了最近出版的各种关于如何在股票市场、房地产和推销术上挣大钱的书籍。如果不是我谨慎思考拒绝出版社的话,其中可能还有一本本人写的如何致富的书呢!

不久之前,曾经有一位著名出版商,有意出版本人关于"金钱智慧"这一主题的著述。当我刚接到这一提议时,本打算答应下来的。但是,当我为了准备这样一本书而在纸上记下一些想法后,我立即认识到,这本书不会比任何一本为了赚钱而粗制滥造的大路货强多少。它也许会误导人们真的相信要想快速发财,只要简单地照着这些"包装纸"上的指点,依葫芦画瓢就行了。我很快放下了这件事,并给对方发出通知。

最近又恰逢牛市,自然,如何成功的书籍一直很有销路。前几天我曾经读到一位书报亭业主写的文章,他说金融类出版物以及如何击败市场之类的书籍实在是太畅销了,以至于他进货多少立刻就能卖掉多少。与此同时,他回顾了10年前那时这类东西堆满了书架,想脱手都甩不出去。这是拿1911年和1919年相比的一个有趣的例子。

限于篇幅我们不能评论《世界主义者》杂志的那篇文章，但是由于这篇文章写得切中时弊，并且间接地警告我们，可能我们已经陷入想轻易发财的狂热中了，因此这篇文章值得一读。这样的狂热只能通过不断的失望和瘪下去的钱包才能了结，就像1962年5、6月间的情形一样。我曾提起过类似的现象，比如在金融类报章上整版的且语含暗示的广告(顺便说一下，我看到证券委员会正打算约束此类行为)，还有行情图分析狂潮，都是明显的例子。

请允许我简要地解释一下，用赚钱的智慧从容获利这句话。

所谓赚钱的智慧，我指的是极少数人天生具有的那种特质，他们在谈话中、努力中或交易中，会自然而然地考虑其中金钱的一面。而普通人只有在特殊的环境下，才会想到钱的问题，比如，当他或她在花钱的时候，或者在打算花钱的时候，或者当看到一份新工作或合同的时候。

具有金钱智慧的人一刻不停地寻找赚钱的途径。与此同时，他通常总是心态平衡的个体，因此不会不顾一切地陷入草率的事情上。他从金钱的角度深谋远虑，既考虑到亏损的可能性，也考虑到盈利的可能性。他从成功的可能性上权衡风险的大小。

在某些时代，比如1961年4月，成千上万的人染上了挣钱的狂热，当您周围所有人都在谈论他们挣到的金钱时，这件事是极有感染力的。然而，从历史背景和经验来看，他们这种靠冲动挣钱的行为是肯定行不通的。

具有金钱智慧的头脑是久经训练的，而毛躁的冲动则根源于缺乏理性。

具有金钱智慧的人，会采取"逆向思维理论"防备自己作出轻率的举动。

74　一言胜千图

您肯定看到过这个说法：一张图顶得上千言万语。这样的说法来自中国人的哲学，可能是从唐人街传出来的。

就像其他许多振振有词的说法一样，只有当那幅图与那些话都合适的时候，这样的说法才是成立的。问题是在它被采用的场合并不总是正确。

许多热心从事行情图研究，希望由之预测股票价格的人士，对于一张行情图抵得上市场分析与统计资料的千言万语的主意是衷心赞同的。不过，请允许我把这种扭曲的观念再扭回来。我主张，"得力的关系值得上 1000 张图"。

我想任何人只要注意到最近几年中，汹涌的投机激情如何把华尔街内外装点得辉煌夺目，他就会同意，只要您认识合适的人，拥有华尔街的关系，则拥有了比 1000 张行情图大得多的优势。

也许我应当尽快插一句，我并不反对运用行情图。它们自有其价值，特别是用来抓住价格突破的时刻，先人一步地考虑各种想法和传闻。我担心的是那种"百分之百依赖"行情图的方式。如前所说，我定期从位于波士顿市国会大街211号的证券研究公司，订阅精致的行情图册，它提供按照每周和每月时间单位绘制的价格变化行情图，还有收益率曲线和财务资料。

当任何"运动"或者"系统"成为一时风尚后，它就具有了传染力，并将很快受到众人的追随。此时，逆向思维者应回想起弗兰西斯·培根爵士的告诫："特别提防偶像！在相信之前首先怀疑……"解读行情图的行当现在非常火热，而且还受到盲目的崇拜。随着许多股票的价格经历不同凡响的上涨过程，从行情图上看，它们好像踩着高跷而鹤立鸡群，于是发生上述迷信乃是自然的事。不仅如此，达弗斯关于如何快速发财的书在研究行情图方面获了醒目的商业成功。

正如我曾经在半个月前力图说明的那样，当行情图被人们运用得最多的时候，也正是您在使用行情图时最需要小心的时候。

回到本文稍前的话题，我得承认，培植"得力的关系"并非易事。然而，只要某人具备足够强烈的兴趣，就能建立起有利可图的关系。我认识一个家伙，只要需要，当他拿起电话和远在其他城市的，是其潜在投资对象的企业总裁沟通时，从不会犹豫的，总是开门见山地问："情况怎么样？"当然，我这位勤于问询的朋友，事先已经对该公司做了一番研究，推想了它的前景，熟悉了它的财务状况。换句话说，他是有备而来的，而不是随随便便的。他发现，那些较不出名的企业的官员通常乐于和那些对该公司有诚意，也有兴趣的人讨论他们的业务。

与此类似，您还可以亲自上门，实地探访您通过谈话选出来的有希望的候选企业。我的另一位朋友养成了这样的惯例，他总是突然拜访

75　独立深思的工具箱

我觉得自己需要一个思考工具箱，您需要吗？

可以利用"逆向思维理论"作为工具，将我们的思想归总到一起。

所有人都熟悉"联想"的办法，在创造性技巧中常常用得着。创造性的观念很少是从全新的或独创的思想中突然萌发的。新主意往往通过一个主意启发另一个主意的方式产生，就像连锁反应一样。

逆向思维方法已经在最大限度上完成了上述工作。曾经某些事件的发生，也完全出乎我的意料，但是如果当初我将思考工具箱应用得当的话，本来是不会对这些事件放松警惕的。

我们始终应该对新闻、评论，以及无数预言从"相反的"角度进行观察和深思。

我想，1961年下半年，我发表的关于"高潮假定"的各种讨论已经揭示了本文的意图。当时，关于危机和战争的言论一直喧闹到当年秋天，总统也强调这个问题，我认为，他的做法是正确的。最终，我突然萌发了一个相反的念头，我对自己说，当前这场危难迟早有个了断：要么引发一场大规模核毁灭战，要么冷战瓦解。

1961年11月，对战争的恐惧达到了高峰。当时我曾就此发表评论，记得是在一篇相当冷静的通信中。股市行情是否和对战争的恐惧有任何关联，尚值得讨论，但股市确实在11月达到了牛市的最高点。

我密切关注与苏联长期冲突的发展，因为世界局势看来正在发生变化。

或许，本文正是一个绝好的机会，可以提醒那些尚未成为"逆向思维者"的读者，你需要做好心理准备，因为他人常常持有与您相反的观点，可能不同意您的看法，有时甚至是针锋相对。

1961年11月，当我公开讨论当时盛行的战争恐惧的悲观主义时，有一份沉溺于乐观评论的咨询报告对我口诛笔伐。这份报告嘲笑了任何审慎的看法和悲观的态度，它甚至还大放厥词，宣称"如果在1961年秋卖出最佳成长股，这些投资者一定会后悔，事后大骂自己，不明白当初怎么会被猪油蒙了心"。请您留意，这份报告是11月份的，在同一个月，伴随着令人激动的成交量，股票市场达到了它的"高位"。当时我也发出了11月份第一期《通信》，标题为"在佛蒙特人看来那是多么惨淡"，因为我对自己所写的令人心寒的议论感到遗憾。这份研究报告不能忍受这一点，断言这位来自佛蒙特的不幸的逆向思维者"已经从这趟班车上颠簸得掉下去了，在被遗弃的地方折腾他那砸锅了的智慧"。

由此您可以看到，那些文字对我的指责到了多么露骨和刻薄的程度！这些事告诉您，如果您是一位逆向思维者，您会受到怎样的礼遇。

然而，那些成长股正是1961年"垮台的"，它们从1961年春的最高点跌去了巨大的百分比。

唉，算了吧，各人自有各人的口味。把矛头对准他人，已经让我错过了许多目标。

76　言辞与事实

我曾收到过一封有趣的信,来信谈到大众言辞与客观事实的关系,这个问题令我深受启发。

1962年4月,这一点变得特别重要,因为当时在公开发行的报刊及出版物上,泛滥着各种言论,从经济学到空气动力学、电子学,以及冷战气候学。不管什么话题都可以加上"主义"或者"学",这可真是够大言不惭的啊。

正如在上面提到的来信所告诫的:

> 在采用"逆向思维理论"的时候,要与言辞相反,而不是与事实相反,这是关键。正是流行的言辞误导、曲解、欺骗了我们。持有与大众言辞相反的立场是最明智的,常常大有收益,但是采取与事实相反的立场,那完全是自招灾祸。

我之所以引用这位读者来信的话,是因为他的表达方式很直白。也许我可以补充一下,他战时曾服役于军事情报部门,刚才引用的话是他从实际经验中总结出来的。

大众意见是通过言辞表达的,也是他人言辞的结果。因此,了解上述将重点放在言辞上的评论,是有益的。

"言辞"这一用语令人立即想起另一个字眼"政治宣传"。后者所指的行为已经在萧条期之后、战时以及战后年代中演变为欺骗性的、迷惑人的一种伎俩了。

要估量新闻对大众意见以及大众行为发挥影响的范围,是做不到的。由于这场世界性的危机,我们正在经历一场由"误导的、曲解的、欺骗的"言辞构成的密集的交火。

我们的保护措施就是采取逆向式的分析和"逆向思维理论"。

当我们阅读财务报表和商业新闻时,也需要采取逆向式的谨慎态度。显然,商人们在他们的言谈之中,是不愿意表露其公司及其运营状况的糟糕面目的。如果某位企业界人士宣称他的公司利润急剧下降,则反映出他的业务管理有问题,因此,如果他不得不报告利润很差,则您可以确信,马上他就会指出这样那样的客观条件如何迫使他的公司蒙受了亏损。这其实是在暗示,在管理方面,他依然是无懈可击的。

在过去,商界人士或许为了搅乱他们在交易所的股票行情,而发布不利的报告,如此一来,他们和他们的朋友就能低价吃进股票。但现在这类行为几乎已经绝迹。不过,如今我们耳闻目睹的是在分析师协会午餐会上,关于某公司前景令人振奋的劝导。对于这一类煽情的宣传,也需要采取逆向式的疑问态度。

由于冷战死结仍未解开,"逆向思维理论"非常确定地有助于我们避开核时代的错误。我们必须警惕那些相信自己谎言的宣传家,正如我那位笔友所指出的。

77　打预测者的脸

从古至今，预测都大多与结果不符。不过近年来，我们目睹的预测错误更多于以往。

刊登在 1962 年 6 月 19 日《纽约先驱论坛报》(*New York Herald Tribune*)，头版上的一篇报道，标题是"经济学家巴不得遗忘的年头及其原因"，使这个问题浮现在我的脑海中。非常感激该文的作者，《先驱论坛报》国内经济版的编辑约瑟夫·R. 斯莱文（Joseph R. Slevin）。他在这篇文章中提供了很多文献，证明了我的"逆向思维理论"。当我的论点在一家大都市报纸上受到头版的待遇，我确信您将同意，"逆向思维理论"的思考体系中，某些内容具有不可忽视的重要性。

斯莱文先生用下面这段话作开场白：

> 这一年（1962 年）是在经济上造就大意外事件的年头。专家们被弄得惊慌失措，华盛顿的水晶球全部都被打碎了，一颗不剩。

打动我的是，持疑问态度的逆向思维者可以从上述引言中找到线索。当各种水晶球都已破碎时，就清楚地意味着，那些持有与专家们相反的想法的人是正确的。

这里提到的这篇文章追踪了当时半年来的各种事件，证明了其作者所主张的观点：

> 即无论企业界人士，还是政策制定者，都必须保持灵活的立场，因为他们不可能确定下一步将会发生什么。

我们也许可以沿着斯莱文先生最后这段话的思路进一步引伸。如果仅仅是停留在同意预言下一步会发生什么充满了风险这里，那我们的思考就不够深入，我们可以继续逆向思考，我们可以想到下一步不会发生什么。通过从"反面"思考的方法，就能够对猜测下面将会发生什么的做法给予其应得的一击。至少我们可以在面对意外事件时加强自身的防卫。比起"被弄得惊慌失措"，或者打碎自己的水晶球，这绝对算得上一个巨大的收获了。

在我们的读物中，充斥着各种意见和预言，如果普通读者能够作出合理的决定，这简直是奇迹。在绝大部分时间，他被拉向一个方向，更可怜的是，在绝大多数时间，这个方向是错误的。正如我不厌其烦地一再指出的那样，商业、金融、经济，自然也包括股票市场的文章中，所说的内容，其实都是千篇一律，以至于对读者个人来说，要独立自主地思考几乎是不可能的，他被洗脑了。

> 防止被洗脑的保护措施就是采取逆向式的思维方法。思考不是一件容易的事，但是值得我们努力去做。

当我们展望令人惊慌的1962年下半年的前景时，我们可以先来检查、核对我们所读到的一切文字，然后通过逆向思维，得出对策。如果华盛顿的专家们在电视屏幕上露面，大胆预言即将到来的事物，那么我们就不应当忘记，他们的目的是要劝诱我们按照他们的方式思考。公开宣示政策，是现代政府运作的常规武器而已。为了防卫意外事件，我们还是采取相反的立场吧！

78 随大流容易特立独行难

当我们思考问题时,非常容易受到懒惰人性的影响,有时跳跃地接受某种主意,不假思索;有时,则牢牢地固守某种成见,尽管内心深处可能意识到自己是错误的。

其中有一种明显的自相矛盾的事情,与当前流行的大众意见有关:

◇ 通常一个人慢慢才能改变自己的想法。
◇ 他一下子就抓住了流行的某种怪念头,或者一下子就转向了一种新出现的风尚。

这种矛盾的现象可以解读为,认同众人的想法很快,而与众不同的思路却得慢慢形成。

当某人需要形成新的思想时,需要花工夫才能把事情想透。草率仓促地跳跃到结论,绝对有害,也是不可行的,这样的跳跃总是使我们跳落到所有人都已经选择了的位置上。

根据"逆向思维理论",如果所有人都持有同样的想法,逆向思维者就应该另谋出路。

就在眼下(1962年10月15日),"所有人"都对股票市场悲观失望,没有人对买股票有兴趣。虽然每个人都热衷于买一辆新车。是不是汽车又成了地位象征了？从华尔街的角度来看，从两个方面考虑，现在把握比较大的可能性是牛市正悄然到来。

◇看空的人太多了，他们已经变得不问缘由地看空了。
◇公众已经要么被赶出了股市，要么被套牢了。

当然，上涨之前将会出现种种试探和反复的行情，这对交易商来说，进一步增加了挫折感。但是如果"逆向思维理论"有效的话，那么扭转我们的思路、期待乐观前景的时机已经到来了。正如以上所讨论，这样的思路转变从来都是很难形成的。人们喜欢死抱先前的观念不放。

然而，看空和恐惧的程度，已经达到了历史最高点，物极必反，因此持有乐观的心理状态，少来一点守势心理，现在正其时也。

79 41年里的突发事件

有时候，人们会跟我提起过去发生的突发事件（事先毫无察觉）。在此类情况下，如果使用逆向思维方法的话，也许能够帮助我们做好思想准备，而逆向式行动计划也许能够挽回意外事件对国家、对大众所造成损失的。这里列举少数史实，当然我们还可以添上许多实例。

◇1914年，普通人很少担忧战争爆发。关于紧张的国际关系，在1914年7月前，报纸几乎没有报道过。但是——很快报纸上冒出了以下黑体字的大标题：

☆8月1日——德国对苏联宣战

☆8月2日——德国入侵法国

☆8月4日——德国入侵比利时

☆8月5日——英国对德国宣战

全世界都目瞪口呆，难以置信。

◇1916年，所谓的"战时工业股票"（war babies），形成了波澜壮阔的上升势头，人们预期股市大势将持续向好。1917年11月，为时一年多的熊市开始了。到1918年1月，平均指数几乎回到了前一个底部。1918年，人们普遍预测战后会发生萧条。结果发生了通胀型的繁荣，被人们称为"丝绸衬衫时代"（silk shirt era）。

◇ 1926年人们担心再度发生熊市和萧条，但是却开始了"新时代"（New Era），并出现了历史上规模最大的股市上涨。

◇ 1929年有人宣称进入永久繁荣的平台，结果是"新时代"的梦幻破产。

◇ 20世纪30年代，《经济时报》（Economics）宣称：我们已经进入了"成熟"（maturity）的年代。《世界政治》（World Politics）季刊断言：何须担心那位贴海报的小子和他的纳粹党。结果，所谓经济成熟沦为笑柄，但是希特勒却不是一件可以开玩笑的事。1939年，人们预料到了战争，但认为"它不可能持久"，希特勒"既没有钱，也没有强大的军队"。

◇ 1940年，希特勒绝不可能突破久负盛名的法国马其诺防线，荷兰大坝将开闸放水，淹没任何入侵者。结果，当1940年5月11日入侵发动时，大众还都预期股票市场将上升。"闪电战"席卷比利时、荷兰，并以新闻报道刚好能跟得上的速度迅速进入法国。西方世界终于清醒过来，认识到"所有人"对希特勒及其军队的看法都是一场灾难深重的错误！法国沦陷后，市场崩盘了。

◇ 1945—1946年，预料战后立即出现萧条，221万人将失业。结果，如同1919年的情形，一场战后"重建"的繁荣，使得所有的预言看上去都愚蠢到家了。

◇ 1949年，大不列颠不会再让英镑贬值，斯塔福德·克里普斯爵士（Stafford Cripps）已经13度发出此类断言。9月18日，英镑贬值到2.80美元，其他29个国家的币值也跟随贬值，从此以后还有更多起货币贬值事件。

◇ 1947到1954年，经济衰退的悲观预测甚嚣尘上。结果是繁荣占了主导，虽然其中出现过短暂的波折。

◇ 1955 到 1957 年，关于萧条的担心消退了，而关于永久繁荣的观念又成了一时的时髦。1957 年中，股票市场崩盘，当时正是未来前景看起来最光明的时候。

◇ 1961 年，对增长的狂热在股票市场上激起了大规模投机的时代。成百上千的公司"上市"，而贪婪的公众则以快速上升的价格抢购这些股票。正如过去发生在大众狂热中的情形一样，在 1962 年夏初，又回到了残酷的现实，股票价格高台跳水。作为一名逆向思维者，再次得到了回报。

至此，我们达到了这本关于逆向思维方法的叙述和短文集的尾声。

我衷心地希望您，读者朋友，持之以恒地思索，对世界各类事物进行思考，并将之贯彻到底，能够对"逆向思维理论"进行持之以恒的钻研，并最终建立起一个思考复杂事物的清晰体系。

结束语:"他们"的奴隶

塞缪尔·B.佩滕吉尔

受人尊敬的塞缪尔·B.佩滕吉尔(Samuel B. Pettengill)的祖辈来自佛蒙特(Vermont),他的家族在此地可上溯到18世纪。佩滕吉尔先生从莱德尔伯里学院和那普法学院毕业后,在印第安那州当律师。在1931到1939年,成为一名国会议员。他取得了不少政绩,包括击败富兰克林·德拉诺·罗斯福的"最高法院扩充议案"。此后,他成了一位有名望的作家。他的《烟幕》(Smoke Screen)在1940年一整年中都是最畅销的。他撰写了数不清的报纸专栏,还主持了一个广播论坛。佩滕吉尔先生退休后,回到他的故乡,佛蒙特州格拉夫镇,这是一个邻近撒克斯顿河的村落。在我看来,基于下面这些内容,他简直就是一个在我休假时代替我的客座教授。

——汉弗莱·B.尼尔

不管您炒不炒股,使用逆向思维方法都越来越重要,因为能够这样做的人越来越少。

结束语:"他们"的奴隶

过去的编辑、乡村律师和戴维·哈里姆斯(David Harums)在这个时代已经被抛弃了,他们的位置被大报纸和全国性电视台和广播网所取代。它们一心只想报道耸人听闻的大新闻,他们把失和的牧羊人之间每一次口角都夸大为对全人类具有重大影响的国际事件,并且要解决这场危难,所有人都必须联合起来。

我的朋友汉弗莱打算从烦虑与忧虑中短暂脱身,给我一个机会来分别从几个角度讲一下这个主题。

"合群性"已经演变为一场巨大的灾祸,因为它抑制了个人的思考。"他们"想什么,或"他们"穿什么?任何衣着都不会令女士们难看得死掉,但是时装设计师为了卖出新服装总是不断地推出最新款式,令其他所有款式过时。于是,女士们的裙摆一会儿长一会儿短,而男士们则把实际上崭新的双排扣西装扔给捡破烂的,大家对隐藏的推销时尚的说客言听计从。

在家具、装饰、珠宝首饰、带有高低不同的地板的农场住宅,以及各人应当抚养几个孩子等方面的流行时尚上,情况也是如此。如果您有胆子在客厅里放上一张老而舒适,真正莫里斯时代的椅子,您是多么有品位的一位男士啊!那些桀骜不驯的独立主义者都哪儿去了?他们都变成了"他们"的奴隶。

在我们的公共学校里,约翰·杜威主义者(John-Deweyites)和社会纠察队,已经使得独立人格成为一种几乎不可饶恕的犯罪行为。如果某位学校女生"老古板"的妈妈告诉她,头戴某样饰物比扎流行的马尾辫可能更好看,这位女孩甚至会痛哭流涕。

如果把一桶混杂着烟蒂、腐烂的蟑螂尸体的油漆用力甩在一块皱巴巴的旧油画布上,则基本可以肯定,它可以作为某种新的技艺形式,从由形容枯槁的著名学者组成的委员会手中获得数百美元的奖金,他们的武断裁决是不容任何怀疑的。

学校教师如果持有旧式观念，打算强化孩子们的精神教育，使他们有能力应付生活中的各种问题，倘若教师的意图超出了使他们在啤酒聚会上行止端庄的范围，他就必须瞒着校长，将读、写、算的基本知识和基本技能，像私货一样偷偷灌输到学生们的脑子里。

在学校里，我们那些可怜的小宝贝几乎没有什么必修的课程，考试也没有成绩好坏的评分，有也少得很。他们作为最基本最普通的分母被聚集在一起。流行的做法是软弱的劝阻，拉丁文和代数学时代那种旧式的严格纪律已经随风而去，而"唯奋斗才有力量"的真理本应大书于每一块黑板上！

如果您作为一名卑微的纳税人，竟敢质疑"对多产妇女进行奖赏的社会福利体系导致生育私生子变成了一门职业"，您就成了一名"人道主义者"，并被最好的社交圈子拒于门外。

为了提倡对"大众人"的狂热崇拜，伟大人格遭到鄙弃，而英雄主义更是绝口不提了。新近有一套两卷本的美国历史，共有1075页，由密歇根大学出版社出版，其中竟无任何篇幅提及内森·黑尔[1]，不朽的劳伦斯船长[2]，也没有约翰·保罗·琼斯[3]那火焰般的隽语"我刚刚开始战斗"。

在另一部近代史《美国的过去》(*The American Past*)中，也没有约翰·保罗·琼斯的位置，却提到了杰西·琼斯（Jesse Jones），还提到萨科（Sacco）和文兹蒂(Vanzetti)，说他们"由于他人捏造的谋杀罪而被处以电椅死刑"。但这是作者的看法，不是历史。

---

1 Nathan Hale，美国历史上第一个间谍，美国独立战争期间被英军俘获，英勇就义前留下一句掷地有声的名言："我唯一的遗憾就是我只有一次生命献给我的国家"。

2 Lawrence，1812年美英战争中美国英雄，在离开波士顿港时发出"不弃船而去"的誓言。

3 John Paul Jones，美国历史上著名的英雄人物，被认为是美国海军的第一号勇士，更被美国史学家推崇为美国海军之父。

结束语:"他们"的奴隶

"他们"如同推土机一样,驱使美国人民相信这样的胡言,即美国最高法院的决定是"本国最高法律"。法官们自己并不这样认为。他们全都宣誓支持本国的最高法律,当他们纠正他们自己先前的裁决时,并不认为违背了任何这样的法律。他们知道宪法将其规定的议会立法权完全授予了议会,而没有将任何立法权授予法院。

在此值得回顾的是,1859年的逃奴法,曾经被最高法院裁定符合宪法,但是遭到了北方公民的谴责和违抗。一些州立法院宣布它是无效的,但是以后位置完全颠倒过来了。

在外交事务上,在奉行干预主义政策的43年中,如果您追踪了各种口号和炮制口号者,您可能会觉察到,为了避免在下一个无底的沼泽地中陷得更深,我们值得采用一点逆向思维方法。也许您已经不堪回首地想起那场"用战争终结战争的战争",或者"为了使世界民主更安全"的口号,或者您会指出我们赶跑了德、奥帝国的皇帝却换上了希特勒,而且喂肥了他胯下的马。

但是如果您提出最近某位总统很像那位"讨人喜欢的家伙",肯定会招来世界大同主义者和合群者大声训斥,说您是一条道走到黑的孤立主义者,已经死了,只是还没入土。

您有没有偶尔想到在非洲地区,我们总是犯贪多嚼不烂的毛病?同我们现在迫不及待地把自己牵扯进去的一团乱麻相比,拉迪亚德·基普林时代(Rudyard Kipling),白人的负担就算不了什么了。在基普林的时代,我们还算够聪明,让其他国家承受这些负累。当时我们听从了华盛顿和杰弗逊的忠告,一心管好自己的事,终于建成一个伟大的国家,朋友遍天下。

但是时过境迁,意图将人类从其自招的创伤下解救出来的神圣热诚燃起了我们的激情,在眼力所及的时间范围内,非洲将一直动荡不安,直到水深火热得连虾米都得叫出声的程度。

到时候还得我们来付账。我们从和平鸽那里所看到的一切无一不是账单!

我们对国家的过去、现在和未来进行一些逆向思维,肯定是有益的。

有没有哪位政治家有好好研究一下当今正在发生的人口爆炸问题呢?全世界每年增加5000万张嗷嗷待哺的嘴巴,而且新添的千百万人口造成了对土地和原材料的新的渴求从何处来满足呢?

当然,日益进步的科学和农业技术将减缓这样的压力,但是能不能一劳永逸地解决问题则的确是个未知数。人口专家告诉我们,今天世界上的饥民人数多于外国采取救援行动之前。

1798年创立的著名的马尔萨斯人口论(Malthusian Doctrine),在整整一个世纪中一直被视为错误,因为当时在美国、加拿大、澳大利亚等地存在着实际上无人居住的广阔地域。但是现在,哪里还有免费的土地呢?人口达4亿的印度不会有,人口有1亿的日本(其面积不超过加利福尼亚)也不会有。

事实上,如果在国境之内存在千百万饥民,那么除了军警专制的政权之外,还能有什么样的政府应付得了呢?从任何一个和平的居住区抢劫食物,只要3天时间,丛林法则就将接管此地。

人类群体就像加德林猪一样,喜欢"聚集起来",一拥而上地追逐某种真实的或虚妄的目标,并且几乎总是大大过头。乍看起来,这样的事情是难以置信的。

在1640年荷兰的郁金香狂潮中,人类群体竟然表现得如此愚蠢,以至于将郁金香的价格疯炒到每颗5500弗罗林,大致相当于300美元,并在这样的过程中,使该国的银行体系陷入崩溃。然而,在《惊人幻觉与大众疯狂》一书中,的确留下了这样的记录。伯纳德·巴鲁克(Bernard Baruch)说,这本书"帮他保全了千百万美元"。

难道在我们这代人的经历中,不曾真实地发生过牧师要求"一品脱酒判决一辈子监禁"的事吗?不曾真实地发生过为了现在已经完全合法的行为而没收汽车、查封大饭店的事吗?

当大众的狂热与某一人格(如拿破仑时代)拴在一起时,与爱国主义拴在一起时(如战争时期),或者和上帝拴在一起时(如在十字军时代,或在巫术时代),人群之中催眠术般的相互感染是没有任何极限的。这样的狂热只能任其发展,最终精疲力竭而走向毁灭,比如在十字军的例子,这个自我耗尽的过程花费了2年。[1]

美国在广岛和长崎投下原子弹,可能再也没有哪一桩事比这件事对美国在世界舆论中的声望更有毁坏力的了。然而,当时有谁站出来谴责这件事呢?直至今日,美国政府才"恩准"我们得知,日本人曾经试图谈判投降,但是美国当时甚至谈都不愿和他们谈。这一点否决了为上述轰炸找到的所有借口,将美国置于这样的境地,在历史记载上,美国是世界上唯一已经使用过在所有武器中最野蛮的武器的国家。

无论如何,关于人类一哄而上的狂野习性,还算存在有希望的一面,即它们的确会随着时间的推移而消磨掉。在人类发展中,钟摆规律是逃不掉的。人们天生的智慧最终确实能够重新确定自己的威力,但是也许我可以补充一下,仅当这里或那里单个的个人开始站出来说话的时候才会如此。请注意围绕第十八修正案发生的情况。如杰佛逊所说:

---

[1] 参见上文提到的《惊人幻觉与大众疯狂》一书的记述。

> 我们不可以对我们的联邦失望……只要稍有耐心，我们将看到中庸状态的终结，人们将恢复他们真正的见识，使他们的政府回复到真正的原则上来！

如果我不怀有上述信念，就不会写下这篇短文了。

然而，当我发觉潜藏的说客正对我做手脚，好像我是巴甫洛夫手中的狗一样，则我惯常的好脾气就不留给这些人了，我会暴怒。这些"大众意见一致的工程师"、"条件发射者"，如此的狡诈。而在大规模传播工具的装备之下，他们所采取的秘密刺激手段又是何其有力。他们何其奸诈地将那些不愿意为人所见的文件贴上"机密"的标签；让电台播音员对那些他们不愿意为人听闻的消息一言不发；拒绝出版提出反面意见的书籍。

我之所以反对他们，不仅因为他们冒犯了我的个人尊严。而且因为他们助长了某种极权主义，完全控制人们的思想。它就是奥威尔（George Orwell）在《1984》（*Nineteen Eighty-Four*）中所说的"群体思想"。

没人说逆向思维必然优于主流意见，某人也不必把自己弄成一个讨厌鬼，总是对他人的意见唱反调，或者因为他在50条施政纲领中反对其中的一两条，就拒绝支持某位候选人或某个政党。

但是，在寂静的夜晚值班巡查时，养成在大步跨越前仔细看清脚下路面的习惯，已经被少数人发现是有益的，对国家来说何尝不是如此呢？这些少数人已经尝试了这种做法。

若干年前，一位年轻的意大利人接受了入籍前法院的考查。虽然问的全都是常规问题，但是为了最后确定他是否具备成为这个伟大共和国公民的权利，法官问他："国旗上有多少颗星？"

"96颗,法官大人。"

法院房间的墙壁上正挂着一张国旗。法官指着国旗说:"娜托尼,你不会数一数吗?"

"是的,法官大人,但您看到国旗有两面了吗?"

年轻人通过了。他并没有被问到联邦里共有多少个州,而是国旗上有多少颗星,而他已经注意到了!

高级趋势技术分析
高级波段技术分析
高级反转技术分析（上、下）

作者：阿尔·布鲁克斯

　　这套丛书是写给严肃的交易者看的，阿尔的书最大价值在于，阐述了理解价格行为以及逐根K线分析走势图有助于追踪通常由机构所推动的形态，通过小止损、早入场，让机构为个人投资者"抬轿"并最终获利。

　　在这套丛书中，布鲁克斯主要通过5分钟周期的K线图来阐述一些基本原则，但也讨论日线图和周线图，书中也有如何将价格行为分析用于股票、外汇、国债期货和期权的内容。